名师名校名校长

凝聚名师共识
回应名师关怀
打造名师品牌
培育名师群体

讲台良知

姜树斌 著

中国出版集团　现代出版社

图书在版编目（ＣＩＰ）数据

　　讲台良知 / 姜树斌著. -- 北京 ： 现代出版社,
2024.7
　　ISBN 978-7-5231-0946-5

　　Ⅰ．①讲… Ⅱ．①姜… Ⅲ．①教育工作－研究 Ⅳ.
①G4

　　中国国家版本馆CIP数据核字(2024)第112011号

讲台良知

著　　者	姜树斌	

出 版 人	乔先彪
责任编辑	姜　军
责任印制	贾子珍
出版发行	现代出版社
地　　址	北京市安定门外安华里504号
邮政编码	100011
电　　话	(010) 64267325
传　　真	(010) 64245264
网　　址	www.1980xd.com
印　　刷	北京政采印刷服务有限公司
开　　本	710mm×1000mm　1/16
印　　张	15.25
字　　数	242千字
版　　次	2024年7月第1版　2024年7月第1次印刷
书　　号	ISBN 978-7-5231-0946-5
定　　价	58.00元

序言

序言一

学习是一生的事

一

《讲台良知》这本书，是一位从教25年的教师兼校长写成的。

作者既是一位教育工作者，也是一名教育行政管理者。这个双重身份，既决定了这本书的性质，也决定了作者在书中必谈教育，必谈自己在教育活动中的学习、工作、管理。

谈教育的书有很多，不过，这本书与其他谈教育的书不太一样，就像一个人，有他自己的特点和个性。

本书的开篇以第三人称，概括地回忆了作者少年时期的生活，由此，我们可以得知作者精神世界的"来路"。

作者出生于贵阳乌当的一个小村庄。在中国乡村，与农民的生活最为相关的是土地。这种最常见最普通的人与自然的关系中，人对土地付出了多少热爱、真诚、智慧，决定了收获的质与量。千百年来，在与土地打交道的过程中，农民的基本性格也由之形成，那就是：忠诚、朴素、坚忍、耐劳。这种性格是一种文化基因，在农村的很多家族中代代遗传。在《讲台良知》中，说到自己的精神奠基时，作者花了较多笔墨谈到父亲对"我"的影响，这也可以理解为，是一种乡村文化基因在对"我"进行塑造。书中的父亲是一位在20世纪80年代末就靠着自己的勤劳、智慧成为"万元户"的乡村男子，最难得的是，他的格局与一般农民不同，他开明，晓事理，境界超出了小小的山村。在劳作之余，他全身心地投入对自己孩子的培养之中，无论儿子还是女儿，堪称乡村的"农民式教育家"。一个人的原生家庭，是能决定

其一生的。从《讲台良知》中，我们能感受到作者的思想格局、积极的生活态度及在工作中表现出来的协作能力、共情能力、创新能力等，而这一切，其"根"都可追溯到这位父亲。

父亲的榜样作用，让作者在很小时就立志做一名教师。1996年，他考入贵阳市师范学校（现贵阳学院）。三年后毕业，他的志向终于实现：来到贵阳花溪区的南溪学校教书。

学校比家的范围大多了。如果说，父亲这位"农民式教育家"影响的是作者和他的哥哥、姐姐，而当上教师和校长的作者，影响的则是学校二十多届近万名的学生。不过，作者不会因自己比父亲的"学生"多很多而自傲，他是清醒的。他说："有什么样的教师，就有什么样的教育；有什么样的教育，就有什么样的学生。"这是他以一个农民的后代对待土地的那种真诚发出的肺腑之言。

二

《讲台良知》很大篇幅都在谈"我"在南溪学校的工作，洋洋洒洒二十余万字。粗浅地看，有散文化的叙事，有教学和教研专题的计划、方案、实施步骤、总结，有食堂工作的安排、要求，有学生课外活动的介绍及要达成的目标等，看似有些"散"，但都用一条主线贯穿了，那就是，王阳明的哲学思想。这是作者另辟的教育教学管理的蹊径，他尝试用王阳明的哲学思想解决遇到的纷繁复杂的教育教学问题。他的这条蹊径走得不错，收到了很好的效果，为我们提供了范例和思路。

作者工作的学校地处贵阳市市郊的桐木岭，前身是一所机械厂的子弟学校，学校的学制是义务教育阶段的九年一贯制，学生多来自周边乡村，家庭成员的文化程度普遍不高，因此与学校教育教学的配合不算充分。这所学校，学生的年龄跨度大，从懵懂的六岁到青春期的十五岁；教学内容复杂，从六年的小学到三年的初中；学校管理难度大，学生在不同阶段有各自不同的学习问题、生活问题、心理问题，教师和学校的教育教学工作也会出现各种症结和瓶颈。可以说，摆在作者这个教育行政管理者面前的，是一盘多维的错综复杂的"棋局"。面对这盘"棋局"，作者的思想方法是：既然心是万物的主宰，那就运用王阳明的心学理论，用"心"在事上磨，使自己"静亦定，动亦定"。

王阳明的《传习录》，是作者在工作之余重点研读的书籍。在作者看来，王阳明心学的精髓是：致良知，知行合一，心即理。教育工作归根结底是人的工作，教育教学对象是人，"产品"也是人，如果运用王阳明的心学理论，将可实现教育教学的主体与客体的统一及和谐，更有益于学生的成长和学校的发展。

学校有学生上千名，教师应该怎样对待学生？作者在书中举了两个具体的事例。一是在疫情防控期间，"我"与李某峰由忧到喜的犹如坐过山车般的共情；二是对有些自闭的语言能力较差的刘某学，"我"的特别关照和辅导。从这两个事例我们可以看到，在这个过程中，作者运用了王阳明的"心学"理论："吾性自足，不假外求"（人人心中都有良知，良知无所不能，能解决一切问题）。他相信，学生都是有良知（内心深处有一种本能的善良和正义感）的，他以自己的良知来启发孩子的良知。作者认为，与学生相处时，"我"的"心"的作用非常重要："你未看此花时，此花与汝心同归于寂；你来看此花时，则此花颜色一时明白起来，便知此花不在你的心外。"看花如此，看人就更是如此了。如果从心里认为学生一无是处，那么，这些"花"就不会"明白"；把学生这独特的"花"放在"我"的心中，才会让他明媚生辉。这两个案例是成功的，在作者的用"心"培育下，两名学生后来都走上了人生的坦途。

在学校，作者负责教学、人事和后勤管理这三个方面的工作。工作千头万绪，作为一位校长，应以哪些内容作为所有工作的总纲并贯穿其间？同样，作者运用了王阳明的心学来主导工作。"知行合一""事上练""心即理"的理论是他运用得最多的，以达"为政不事威刑，惟以开导人心为本"。

抓教学工作时，作者设定了一个目标：在本学期内听完所有教师的课程；充分利用短暂的课间时间，与教师们交流学习，不断提升自己。这个过程，实际也是"心"在特定环境中的交流过程。在这个过程中，作者和教师们建立起"心"的联系。"此外，教师们可以随时推门听我的课，我从不关闭教室的门，他们可以'随听随走'。""从不关闭教室的门"其实是不关闭"心门"的表征，作者向教师们敞开心扉，坦荡真诚，使领导和下属之间有了"心"的沟通和信任。

　　工作中，作者看道："学校各个教研组整天'不是在做资料，就是在做资料的路上'，都在疲于奔命地应付检查。每到教研组办公室便不难看到一片繁忙景象，有忙着摆拍的，有抄听课记录的，有补会议记录的。"作者认为，这样的"热闹"，是"知"与"行"并未"合一"的现象。为达成"知行合一"，他在学校积极倡导把教学当作研究工作来做，让教学和科研相互依存，而不是成为截然分开的"两张皮"。为此，作者实施校本教研的闭环管理，开展同课异构找差距活动，并开展"老带新结对子"，还举办新教师教学技能比赛、校本教研交流展示活动等。

　　在这一系列工作中，"自主课堂"理念的实施最有意思，也是作者运用王阳明"知行合一"理论最成功的范例。本书中，作者用了大量篇幅谈到这项工作的推行及在教学各个方面的具体方法与步骤，其中"教师自主选课"一节尤其让人耳目一新，这是作者运用王阳明的"心即理"理论的一个典型案例。他让教师根据自身的专业兴趣和特长来选择课程，而当课程有了教师的"心"的灌入，所表现出的"理"就不仅是对课程内容的客观阐述了，更多的是具有了教师主观色彩的独到的见地、研究及热情，这样，教师也就更容易与学生产生心的碰撞和沟通。

　　作者在学校工作的各个方面强调王阳明先生的"良知"理论，并把这个"良知"理论落到实处。这一点，"舌尖上的良知"一章令人印象深刻。学生吃饭是办学者的一个难题，也是家长们非常关心的一个问题，不过在作者看来，堵住一切可能产生的漏洞，这工作就不难。他以"良知"为抓手抓食堂工作，坚持不盈利原则，严把食材关，制定了学校食堂管理细则，聘请颇为知名的厨师掌勺，并让教师和学生一起就餐，甚至请家长品尝。这样的食堂工作，因有"良知"精神的贯穿抓得很实在，自然出色。

　　作者对王阳明先生的"事上练"理论也很有认识。2009年，他在学校成立思教"别动队"。这是一个创举，既减轻了班主任的管理压力，又提高了学生参与学校管理的积极性，还培养了学生的自主管理能力，让学生感受到角色的转换，认识到学校的事与自己相关。

　　作者还在学校广泛开展社团和兴趣小组活动，带学生参观调酒师专业实训室、贵州旅游学校、汽修实训场、交通职业学校等，让学生学习有方向，前途选择有方向。

三

将王阳明先生的哲学思想运用于教育教学工作中，也许不是作者的独创，但是，将其确实落到工作实处，让教师和学生都具有一定的王阳明思想的领悟和修养，就不那么容易了。在科学技术和科学精神高度发展的今天，也许大多数从教者在繁忙的工作中会忽略对中国古老的哲学思想的学习，偶尔想起，也不过是在文字稿中增加一点点缀。而本书作者就像一位农民对待土地那样，真诚地对待和学习古代先贤留下的这一份宝贵的思想遗产，并贯彻到自己的实际工作和生活中，这是很难得的。

一位校长，工作繁忙，但在工作之余，排解忧思和放松心情的方式是静心读圣贤之书，这是一种自律和自觉，是令人钦佩的。从本书中，我们可以看到一个纯粹的教育工作者的形象，一个以校为家的"父亲"形象。当然，作者不是简单地"复制"自己的父亲，在他的精神世界里，有比原生家庭的父亲更为丰富和站位更高的东西。

最后想说，作者用他的这本书向我们说明：学习是一生的事，作为一位教师、校长和一位父亲，只有把学习放在首要位置，才能把工作和生活管理得更好。

林　吟

贵州省作协理事，贵州文学院签约作家

2024年1月28日

序言二

求诸本心，自主成长

——姜树斌《讲台良知》的教育思考与实践

读了姜树斌的教育教学专著《讲台良知》，我感触良多，既欣喜，又感动。同为教师，我还从中学到了不少经验，颇受启发。《讲台良知》让我们看到作者在教育、教学及学校管理工作中，边做边学，不断在教改实践中探索、思考，总结出一套行之有效的教学及学校管理的科学策略，并切实实施。

姜树斌的教学思想的创新点在于，将王阳明"致良知""求诸本心"的思想，与基层义务教育实际问题有机结合，科学施策，促进学生、教师双向的自我发现、自主学习与自主成长；促进学校教育教学管理的良性循环发展。从这个角度看，《讲台良知》是一本求真务实的"思考之书"、可供借鉴的"实用之书"。

姜树斌是我1996年刚参加工作时的第一届学生。我是他所在贵阳师范学校九六级（5）班的班主任，转眼他们已毕业25年了。由于是第一届自己带的班，所以印象很深刻，师生之间也结下了深厚的情谊。或许正如姜树斌所说，他们这个班农村娃娃较多，比较懂事。彼时，百年老校贵阳师范学校包分配工作，招生分数超过贵阳一中，所招学生多为农村家庭贫困的优等生，素质很高。姜树斌是贵师学生武术队队长、体育科代表，个性活泼、学习积极，人际沟通交往能力很强。

《讲台良知》中描写的姜树斌早年因家境贫困发愤求学，个人自主学习的经历，正是他中学与中师学习生活的真实写照。这些经历也让他领悟到了自主学习在学生个人成长中的重要性，即学生要有关于学习的自主意识和自主行为，自我发现学习动机，自主制订学习计划，自己摸索学习方法，并自主开展学习实践。这种经验，促使姜树斌决心在自己的教书育人工作中采取促进学生自主学习的教学方式，并将其作为自己核心的教育理念。

这也是本书作者讲台良知的"初心"所在：既有对学生强烈的爱心与责任心，又以学生自主学习为核心，展开了一系列教育实践探索。

从教二十余年间，姜树斌经历了语文教师、班主任、思教主任、副校长等工作的锻炼。他通过不断地思考与实践探索，将王阳明心学思想与学生、学校实际相结合，逐渐形成了较为独特的教学及学校管理思想与模式，设计了一套成体系的课堂教学与学校管理的科学策略，在实际工作中推广实施，并在实践中不断评估、反思、修正，使之不断完善。贵阳市花溪区南溪学校十余年的变化与发展，可以说正是这一系列教学、管理改革所带来的喜人成果。

《讲台良知》以质朴的语言、翔实的案例，系统阐释了姜树斌"致良知，自主成长"的教育思想与管理模式。这种教育思想首先体现了对教育对象（学生）和管理对象（学校教师）的充分尊重，以及对其主观能动性的高度重视。强调教学策略、管理规章制度的科学性、有效性、激励性、灵活性与差异性，并突出以人为本、激发自主性的原则。

俗话说，你永远唤不醒一个装睡的人。为什么学生厌学，纪律涣散？为什么教师懈怠，疲于应付？其根本原因就是学生只是被动地接受学习，没有成为学习的主人。他们认为自己是为家长和老师学，学习不是自己的事，因而没有学习的兴趣，没有找到学习的动机与意义，也没有在学习中获得成就感。同时，学生和教师也觉得自己是学校中的"被管理"对象，学校的事是学校的，自己没有参与感与获得感。这也正是姜树斌促进师生"致良知，自主成长"的切入点，即设计科学策略，促使学生成为学习的"主人"，师生成为学校管理的主人翁。

例如，组织教研，精心设计每一课的导学案（可操作、短小精练），形成"先学后教"的模式。让学生掌握学法、阅读方法，在课前自学文本。让学生在课堂上充分表达自己的阅读感受、观点，提出疑问，相互讨论，师生共同发现问题，解决问题。重视学生复述及脱稿口头流畅表达的训练。课堂自主表达分享的过程，实际也是学生将文本知识、情感思想内化为自身经验、思想的过程，还是培养自信心，提升沟通交流能力，促进语文核心素养形成的过程。南溪学校从低年级到高年级，逐渐形成了一套完善的自主课堂学习模式，使学生习惯成自然。

序言

又如，组织学生思教"别动队"，让学生了解并参与到学校日常纪律、卫生、劳动等管理工作中。以班级间竞赛的形式，促进与改善各个班级内部的管理，增强了学生的学校主人翁意识。

教师则可以自主选课、选班级、选择自己能完成的教学考核目标，自主竞聘班主任。主、副科老师都可以选择担任或不担任班主任工作。根据工作完成情况进行考核，与年度绩效奖励挂钩。

对毕业班学生，根据其不同的学习程度、学习能力及存在的问题，制定"一生一案"的帮扶策略，因材施教。

这些措施都极大地调动了师生的主观能动性。在教学、思政、教师管理、校园文化、后勤等方面，全方位地贯彻践行"自主学习，自主管理"的工作思路，促进了学生、教师与学校的共同进步、成长与发展。

读完姜树斌的《讲台良知》，我个人也获得了很多有益的经验与启发。感受最深的是，在新课程改革的大潮中，我们需要更多这样的科研著作。即需要更多来自基层一线的教师与学校管理者的教学改革实践经验，并从理论上进行深入思考、系统性的总结梳理。也希望本书作者姜树斌再接再厉，加强教育理论学习，在科研与实践中更上一层楼。

卢慧彬

贵州省作协会员，贵阳市文学评论家协会副主席

目
录

目录

第一章

讲台初心

　　三尺讲台守初心。"为党育人，为国育才"是教育的初心使命，也是我们航行的灯塔，把这个初心守好，把使命扛起来，就是负责任。谈到初心，我的脑海中经常浮现一幅画面：1996年初春，天空下着连绵不断的细雨，微风中夹杂着一丝丝寒意。一个三年级的少年，兴致勃勃地回到家中，因为每个周末都要回家取生活费。少年寻遍了房前屋后却未发现父母的身影，但聪明敏锐的少年果断推断出父母应该在田地里工作。在离家大约两公里的地方，看见正在种烤烟的父母，少年毫不犹豫地参与了劳作。

　　傍晚时分，雨越下越大，丝毫没有停歇的意思。然而，劳作还未完成。一家三口正在努力地完成农活，少年转头看向自己的父母。他看见父母种植烟苗的场景：左手拿着烟苗，右手抓上一小撮泥土，用泥土压住烤烟的根部，然后扶正烟苗。雨水无情地打在父母身上，一点一点地浸湿他们的衣物，直到他们全身打战。母亲不经意间流下了鼻涕。少年瞬间心中涌上一丝难过，眼睛开始模糊，看不清正在劳作的父母。不知过了多久，终于回到了家中。母亲又开始做晚饭。经过母亲在灶前灶后的忙碌，终于开饭了。饭桌上只有一碗用开水煮的白菜和一碗辣椒蘸水。或许是因为劳作的辛苦，少年狼吞虎咽地吃下了几大碗。

　　第二天是星期天，少年必须返校了，父亲对少年说："我去给你找生活费。"少年家在1995年之前是"万元户"。因为哥哥的婚事和姐姐的复读，家庭逐渐衰落，生活已经非常拮据，只得四处借钱以维持家庭开销，甚至不得不变卖家里唯一的财产——一头耕牛。少年明白父亲去找钱只会增加高额利息的债务。少年告诉父亲："上周的生活费还有结余。"少年背着书包，口袋空空，转身离开父母的一刹那不禁流下眼泪，一直走到一座小山上。在山顶，少年再也忍不住自己的情绪，一个人独坐在那里，放声大哭。不知过了多久，少年终于明白了：要改变家庭状况，只有努力读书，认真学习。

　　回到学校后，少年开始自主学习，制订好学习方案。清晨时分，他独自一人爬上学校后面的斗篷山，开始大声朗读、背诵。他收集整理了初一到初三所有中考的相关科目书籍和教材，按计划进行学习和背诵，不再贪玩。经过三个月的刻苦学习，少年将书上的知识全部烂熟于心。参加中考时，他清晰地记得每个题目涉及的知识点在书中的位置。1996年9月，少年成功进入贵阳师范学校学习。

在这之前我是一个调皮捣蛋、整天惹是生非的孩子，学习成绩也不是很理想（初中上半学期期末总成绩仅385分）。但一个周末，改变了我的人生轨迹。所以，学习永远都不会晚，都还来得及。每个孩子都能读好书，有的只是差一个故事、一段经历。

对于我这样一个生于20世纪80年代的人来说，走上这条教育之路并非易事。十年的求学历程，三年的师范教育，暮霭朝阳，最终踏上了三尺讲台。当我拿到报到文件时，那烫金的封面和鲜艳的红章让我心驰神往；看着写着自己名字的那一页，我目光久久不愿离开，憧憬着某天早上，站在讲台上的自己会侃侃而谈、逻辑清晰，传道授业解惑。

25年前的某个早晨，我站在了三尺讲台上，一群可爱的农村孩子，睁大双眼好奇地望向我。教室后排，是手持听课记录本的学校领导，看上去那么严肃。我的双腿打晃，笑容凝固在脸上，一会儿拿起课本，一会儿放下粉笔，一会儿看看教室的天花板，一会儿瞅瞅地上，像一只惊恐的小鸟无处躲藏。事前准备的教案，在大脑里一片混沌，精心设计的开场白，也忘得一干二净。想走到学生的身旁，从讲台上跨下，一个趔趄，不知所措。45分钟真的好漫长，我手心攥出了汗，两颊一阵阵发烫，不知所言。终于下课铃响了，我长吁一口气。评课领导一直在不断地鼓励我。此后几天，我的心情一直很郁闷。忽然之间我想起父亲对我的教育。

父亲是一位勤劳、质朴的农民，但在我的心里却是个"农民式教育家"。

父亲出生于20世纪50年代初。据父亲说，由于历史原因，他只上到小学五年级，但他却写得一手好字。在我心中，父亲是一位质朴、勤劳、十分重视教育，并且具备教育思想和方法的"农民式教育家"。

我们家共有三个孩子，姐姐、哥哥和我。按照惯例，我们三人在村里的村小上学。每天上学都要走五六公里，而上学的路泥泞、蜿蜒、崎岖，需要花上一两个小时才能到学校。当时乡村学校的教育资源很匮乏，全校没有专职教师，都是代课教师，有些教师是乡里读过高中或初中的人来当。每到农忙时节，我们都会放"农忙假"。我想父亲意识到了教育资源的问题，

因此想着把我们三人转到镇中心完小上学。功夫不负有心人，经过父亲的不懈努力，以及亲朋好友的帮助，我们三人终于如愿以偿地转到了乡镇中心校上学。

在我现在的工作中，我始终努力帮助那些急需解决入学问题的进城务工子女转学。自2017年以来，我校的在校生人数从691人增加到现在的1099人。这是一个巨大的变化，也让我感到非常自豪。

父亲一直是个质朴、勤劳、充满教育智慧的人。他每天从早忙到晚，甚至有时从晚忙到早，似乎一点儿都不觉得累，他就像一个铁人般不知疲倦。凭着勤劳的双手，父亲每年都会被所在镇评为烤烟大户。通过不断努力，日积月累，到了20世纪80年代末，父亲也成为当地的"万元户"。父亲对我的教育方式也是与众不同的。每天放学回家，我的第一件事就是向父亲汇报。他在忙碌的农活中，还会让我复述当天所学的课文，甚至考我数学题。这种严格的教育方式让我的学习成绩不断提升，也让我成为左邻右舍口中"别人家的孩子"。

在父亲的教育影响下，我逐渐形成了对自己的高标准要求。我时刻追求优秀，以至于每当考试成绩不理想时，我会感到郁闷、难过，甚至会伤心大哭。这种严格要求和自我的高标准也让我在工作中保持着对学生的高期望和严格要求。

当我走上三尺讲台后，我才明白父亲的教育方法是在培养我的综合能力，包括概括能力、语言组织能力和表达能力等。因此，我将这种教育理念传授给学生，让他们从被动学习转变为主动学习。我不断激励、表扬和引导学生，逐渐形成了自主学习的课堂模式。

父亲注重在武术方面培养我们兄弟。当时由于缺乏武术学校或培训机构，父亲将目光锁定在每周赶集日的"录像厅"，并经常带着我们去观看"功夫片"，如《少林寺》等。当然，并不是单纯地消遣观看，晚上父亲会陪着我们根据录像进行模仿和练习，如压腿、踢腿、站桩等。练习结束后，父亲还会亲自准备丰盛的消夜来犒劳我们。为了让我们在武术方面有所造诣，父亲还特意设计了武术训练器材。这些举措都是为了让我们兄弟能在武术方面有所成就。

图1-1

图1-1的训练器材实在是不容小觑，它实属多功能。顶端的四根木桩既可用于俯卧撑训练，也可选择左右两根进行站桩训练；中间部分则具有双杠的功能；而右边延伸出的木柱则可用于打桩训练。

图1-2的训练器材是父亲根据我们手腕的大小，用水泥和沙子定制而成的，每个重约十斤。它用来锻炼手臂力量——套在手腕上进行拳击训练。

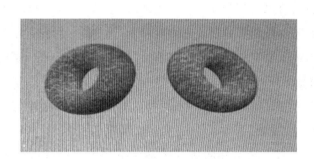

图1-2

父亲对我们的武术培养投入了全部精力，甚至不惜花费巨资。为了让我们学习武术并观看"功夫片"，父亲耗费巨资购买了我们村里第一台14英寸的黑白电视机。更令人感动的是，有一天父亲在街上卖烟回来非常高兴，因为他看到了××武校的招生简章。第二天一大早，他就带着我们两兄弟去××武校报名。当时每个人每月的武术学费高达1200元，我们兄弟一共交了2400元。这对当时的一般家庭来说是巨额数字，但对于父亲这个"万元户"来说并不是问题。他毫不吝啬地为我们报名交费。这一举动让父亲在我的心中如同一座巍峨的高山。我也没有辜负父亲对我的期望，在校期间我的武术水平得到了大幅提升，每次武术教练见到父亲时都不断地表扬我，而每次父

亲都会满面笑容。很快就到了初中开学报名的时候，尽管武术学校一再挽留，但父亲还是义无反顾地把我送进了初一的教室。

在后来的学习中，尽管我个子矮小、力气不大，但我十分自信，因为我拥有武术技能。

1999年，当我走上讲台后，我发现学生缺乏自信，缺少自己的特长，于是我组建了学校第一个兴趣小组——武术兴趣小组。到2017年，学校的兴趣小组和学生社团增至23个，包括绘画、合唱、武术、足球、篮球等，已成为学校的特色课程。

我将继承和发扬父亲这位"农民式教育家"的教育理念和方法，并将它们运用到教育教学工作中。

入职不久，学校领导安排我担任初一（2）班（当时是全校公认的差班）的班主任。领导说之前的三位班主任都被学生气走了。从领导的眼神里不难看出，这个班级的教育教学管理工作充满了挑战。不知是由于对教师工作的热爱，还是自己年轻气盛，我欣然接受了初一（2）班班主任一职。在接下来的三年里，我课间和学生一起嬉戏打闹，课堂上教学相长，与学生一同学习，放学后和学生一起徒步走在泥泞崎岖的山路上进行家访，甚至凌晨两三点还在和家长一起寻找学生……这个班三年中没有一个学生辍学，两年被学校评为优秀班集体。2002年中考，六名同学考进高中学习，其余同学全部进入中职学习。

我从刚站上讲台的不知所措到关爱每个学生，做到课堂上面带微笑、神采飞扬，举手投足落落大方。既可激情舞蹈，也可放声歌唱；既可循循善诱，也可静思默想。教无定法，因材施教，才是教学唯一的答案。每个学生都是表扬出来的。教育不同于别的工作，一句话，一堂课，就可能对孩子的一生产生影响。

我时刻在追问自己：教师的初心是什么？结合自己的教育教学经历及学习，我简单认为："师者，所以传道授业解惑也。"有什么样的教师，就有什么样的教育；有什么样的教育，就有什么样的学生。梦想要以梦想去点燃，理想要用理想去唤醒。只有时刻不忘教育初心，方得育人始终。亲其师，则信其道；信其道，则循其步。教师是学生的路标，教师的一言一行、一举一动都会在学生的心灵上留下烙印。回归梦想，我在教育这条点亮他人希望与智慧之灯的光明道路上，一步一个脚印去做好自己的育人工作。本着"立德树人，知行合一"的教学目标，教育好每个学生，规范学生的学习习惯、行为规范，不放弃每一个学生，让其实现自己的人生价值。习近平总书记说：一个人遇到好老师是人生的幸运，一个学校拥有好老师是学校的光荣，一个民族源源不断涌现一批又一批好老师则是民族的希望。

三尺讲台初心——仁爱之心，将学生当成自己的亲人、孩子。站在三尺讲台上，我深知教育是一项需要爱心和等待的事业，我们需要走进学生的世界，关爱他们，尤其是那些学习有困难的孩子。我们努力创设宽厚、放松、宽容的心理氛围，发挥教师的教育智慧，让学生快乐地学习、健康地成长。

疫情防控期间，我们班上有一名同学叫李某峰，他平时比较内向，在学习上表现也不太出色。由于疫情，学校按照防疫部门的规定，每天都要对全体学生进行抗原检测。李某峰第一次检测结果呈阳性，我们立即将他引到临时隔离室，进行第二次测试，结果依然是阳性。我们立刻向有关防疫部门报告，并请求他们前来进行核酸检测。当时，我从他的眼中看到了害怕、无助、焦虑和恐慌。我又何尝不是？我感到肩上从未有过的责任，压得我喘不过气来。但我必须把恐惧、焦虑深深地埋藏在心里。我对李某峰说："小峰同学，我会一直陪在你身边，一切都会好起来的。"在隔离期间，我给他送饭，陪他聊天。从下午3点取样到晚上11点出结果，虽然只有短短8个小时，但对我来说却仿佛经历了漫长的一个世纪，我也体会到了什么叫度日如年。同时，有关部门联系了李某峰的家长。傍晚时分，家长打电话到学校咨询，显得非常着急。封闭管理下，他们无法亲自到学校接孩子。我接过电话安慰他们，承诺会像照顾自己的孩子一样照顾李某峰，让他们放心。

直到当晚11点，接到上级部门的核酸复检结果为阴性的通知，我如释重负，箭一般冲向隔离室，想告诉李某峰，但他已经入睡。我激动地叫醒了他，告知他结果呈阴性，并第一时间与其家长联系。随后，我将车停在隔离室门口，悄然入睡。不知睡了多久，直到感觉到车旁有了动静，我才慢慢睁开眼睛，发现太阳已经升起。我看见李某峰静静地站在车窗外，眼泪直流。我打开车窗，问他怎么了。他哽咽着说："姜老师，你怎么睡在这里啊？"他已经哭成了泪人。

事后，李某峰在语文课堂上变得开朗、积极，从以前的默不作声，变得

第一章 讲台初心

争着抢答、分享观点，变得阳光、自主、开心，积极参与学习；从以前的30分、50分、60分，到70分、80分，甚至90分。

三尺讲台初心——责任之心、耐心。作为教师，我们要与学生进行心与心的交融、共鸣。用好经历，用好故事，教好学生。我们用无限的责任来诠释对教育事业的执着。我们应该不断丰富自己的知识，掌握扎实的专业理论，并持续学习教育理念。我们需要掌握优秀的教学方法，以吸引学生的注意力，培养他们的学习兴趣，并让他们的思维能力得到锻炼，从而形成自主学习习惯。在实践中探索、反思、成长，是我们责任的体现。

2011年，我开始担任初一的语文教师，班里有一名学生名叫刘某学。在第一节课结束后，我发现他的基础非常薄弱，听不懂课程内容，不会写字，甚至连五笔以上的汉字都不认识。他缺乏自信，也无法进行语言的完整表达。我决定将每节语文课的前五分钟专门留给他，让他描述一下前一天做了些什么，甚至只是简单地记录。从最开始只说一句话，到学期结束时，他已经能够完整地描述前一天的活动了。为此，我在学校的散学典礼上颁发了他人生中的第一张奖状，以表彰他的进步。

我记得初三时，我要求学生背诵《木兰诗》。我将刘某学叫到办公室，教他如何背诵。一开始，我标注了一些简单的翻译，使用了简单的词语，每句只有三五个字。一个中午他只会"唧唧复唧唧，木兰当户织"这一句。

转眼间毕业季已经来临。我和他的父母经过商量，决定将他送到贵阳机械工业学校学习。由于家庭经济困难，难以支付学费，我将他送到学校，并向学校说明了他家庭的特殊困难情况，帮他申请免除学费。

经过三年的学习，他进入了广州的一家电子厂工作。通过自己的努力，他成了该厂的人力资源部经理。我们成为微信好友，我经常看到他分享一些动态。他每个月能领取大约1万元的工资，生活非常惬意。有一次，他给我发送了一封情书草稿，请求我帮忙修改。当我看到这封长达5000字的情书时，不禁笑了出来。

三尺讲台初心——奉献之心。没有高尚的心灵，干不好平凡的教育教学工作。从选择教师职业的那一刻起，我们就选择了奉献。有的教师同行刚刚走上教育工作岗位，有的为教育事业奉献了十几年、几十年，把自己的青春和热血无私地献给了三尺讲台。我们在工作岗位上，不求回报，不图功利，这就是教师职业奉献的情怀。三尺讲台初心，在师范学校时满怀梦想，投入一线教学工作，曾有迷惘、彷徨、喜悦、希望、欣慰……用"心"教书，用"情"育人，最终都将回归教育的本真——学生。我个人认为，以上就是站上三尺讲台的初心。

第二章

课堂良知

随着社会经济的发展，在剧烈深刻的社会变革中，人们的思想观念、生活方式都在悄然发生改变。打工潮兴起，当地的许多家长为了改善生活状况，怀着对美好生活的向往与追求，放弃了他们熟悉的生活环境，加入了打工浪潮。因此，学生就成了留守儿童，这无疑给教育增加了难度，我所带班级也未幸免，学生中有请假照顾爷爷奶奶的，有在家做家务的，有做农活的，更有甚者被家长带出去打工挣钱的。

针对以上状况，只有加强课堂对学生的吸引力，真正把素质教育落到实处，将"知识改变命运、志向决定格局、怎样真正实现自我价值"等植入学生家长的思想，才能有希望改变这一状况。但课堂怎样改革，怎样才能真正落实好素质教育又成了我的困惑。

2012年的夏天，在我极度迷茫、困惑的时刻，我接到了远在修文的同学、挚友、兄弟焦某忠的电话。他要结婚了，邀我参加婚礼，于是我欣然前往。在繁忙之余，我们兄弟俩一边漫步在小区，一边闲聊着。突然，他指着不远处说："你看那里就是玩易窝。"我顺着他的手指望去，发现一个极不显眼的小洞口，不远处便是小区的垃圾箱，在八月的阳光照射下，满是飞蚊，不时还发出阵阵恶臭。我加快脚步离开，他在我身后絮叨着说："这是五百年前一代圣人王阳明被贬到修文当龙场驿的地方，是心学诞生之处。"出于无聊和好奇，我转身向玩易窝走去。眼前是一个只容得下单人通过的地下洞，面积大约十平方米，由于是地下洞，洞中阴暗潮湿。我一边观看，兄弟一边向我讲述着有关王阳明的传说。随后，他带我参观了阳明洞。王阳明的经历、阳明心学以及一代儒将的功绩，让我深感震撼。于是，我开始学习王阳明的"最爱是讲学、心外无物、心即理、知行合一、事上练、致良知"等。尽管我一直在努力，花了十几年的时间学习，但我自认为只是学到了皮毛。然而，没想到的是，王阳明的思想和理论一直指引着我成长，也影响着我的教育教学及学校管理工作。

我首先学习王阳明的致良知。之前在我的认知里，良知就是良心。孟子说："其所以放其良心者，亦犹斧斤之于木也，旦旦而伐之，可以为美乎？"朱熹释"良心"道："本然之善心，即所谓仁义之心也"。这是符合孟子的思想的。孟子持性善论，他认为人有恻隐之心、羞恶之心、恭敬之心、是非之心，这"四心"是人的天性中生来就有的，与生俱来，它们分别是仁、义、礼、智的发端，即良心。对于教师而言，必须追随一代"心学"宗师的脚步，领悟"知行合一"的智慧，体味"我心光明"的豪情。

第一节　自主课堂的"来路"

　　教育是人类生存发展的第一需要，没有经验和知识的传承，没有在传承基础上的提高和超越，不要说发展，连生存也不可能。这种传承、教育的内容极为广泛，有行为的、口头的、文字的、有形的、无形的，方方面面，都在教育之列。教育也可以分为掌握现有知识和技能以及发现新知识、掌握新技能两大方面。新知识、新技能的发现和掌握，必须建立在充分接受现有知识和经验的基础上，没有这个基础，一切都将成为空谈。但是，接受前人知识是为了应用，为了把知识转化为能力，为了发现和发展。否则，继承的结果，只能是维持现状。

　　要实现在继承的基础上发展，必须以提高受教育者素质为中心，一切围绕这个中心进行。我国传统教育是很重视提高人的素质的。关于教育宗旨，有记载的最早典籍要算《礼记》，概括起来，无非在于格物致知，诚意、正心，以实现修身、齐家、治国、平天下的目的。诚意、正心，是每个做学问或者受教育者的基本态度，格物致知是学习的必然过程，目的是修身，提高自己的素质。当然，一部分受教育者成就可能大一些，达到经营好自己家庭的水平，有的达到治理国家的水平，有的水平更高，成就更大，能治理天下。不管达到哪一个档次，教育的着眼点都必须放在提高人的素质上面。孔子的因材施教主张，就是根据不同教育对象的实际进行教育、引导，不搞平推，"一锅炒"，这是实现素质教育的最佳途径。

　　到了宋代，科考制度到了完全成熟阶段，素质教育被应试教育所取代。士子们读书是为了功名，为了光耀门楣，封妻荫子，至于把自己培养成什么样的人，下降到了无关紧要的地步。王阳明自己虽举进士，却是深受其害的。"学者溺于辞章记诵，不复知有身心之学。先生首倡言之，使人先立必为圣人之志。闻者渐觉兴起，有愿执贽及门者。至是专志授徒讲学。"（《王阳明全集·年谱一》）当时，应试教育已成时弊，王阳明才毅然开辟新途径，再举起素质教育大旗。需要特别注意的是，王阳明所提倡的素质教育和传统的素质教育有很大不同。这种不同，表现在以下几方面：

一、高举个性解放大旗

王阳明所处的时代，正是欧洲文艺复兴运动风起云涌时期。高举人文主义大旗，反对神权，反对教会，反对一切教条对人们思想的束缚，对人们主体意识的启蒙起到了巨大作用，影响遍及全世界。

就在这样的大环境里，王阳明提出"自己要成为圣人，人人皆是圣人，满街都是圣人"的教育主张，这成为他教育思想的主要支柱，贯穿整个教学活动之中，无疑具有划时代意义。

二、传授研究所得，进入素质教育的最高境界

教育就范围而言，有文化教育和实践教育；就环境而言，有社会教育、家庭教育和学校教育；就教育手段而言，有示范式、讨论式、课堂式；就层次而言，有基础知识和基本技能教育、创造性教育。基础教育只能适应人类一般需要，解决一般问题，达到前人水平已属不易，更没法进行创造性活动。普通人在人类社会里占大多数，他们每天都在做着极其平凡的工作，甚至重复劳动；他们维持着社会的存在，却无法推动社会的前进，只有少数精英才可能突破前人达到的高度，对他们的教育，是高层次的教育。

要实现这种教育，首先是教育者要有创造性的研究，的确有所发现，有所发明，有所创造，有所前进。王阳明所进行的是以培养创造性人才为目的高层次素质教育。

三、师生关系平等

"师道尊严"是中国传统的教育观念。在这种观念指导下，在学校教育和教学中，师生处于不平等地位。教师不可违抗，违抗就是不尊重师长，就要受到非难，甚至惩处（包括体罚）。这种不分正误、没有是非的一边倒，导致粗暴教育一度泛滥，其最大的恶果是极大地扼杀了学生的主体性和创造

第二章 课堂良知

性。这种情形在科举盛行的明代极为严重，对人积极主动地发展和提高极为不利，也与王阳明要把人培养成为"圣人"的目标相违背。王阳明既没有贯彻师道尊严的旧原则，也没有放弃作为授业者的责任，而是在尊重人的独立人格、主体性、个性的前提下进行"传道授业解惑"的。王阳明没有撰写关于教育的专业文章，他的主张全都贯穿他的教育实践过程中。

王阳明授徒的最大特点是把门人看作朋友，没有训诫，更没有体罚，寓教于乐，寓教于游览，寓教于吟诗，寓教于书信往来，寓教于朋友式的感情交流之中。游览是王阳明一生的最大爱好，只要可能，他就邀约朋友、门人游览山水、名胜古迹。被贬谪贵州龙场，郁闷、贫病交加，他把游览大好河山当作消愁解闷、养身、交友以及和门人探讨大学问的大好时机。在龙场，他不仅走遍附近的山山水水，去过天生桥（位于修文县城西北约12公里），还沿离修文30多公里的六广河乘舟前行。主讲贵阳书院期间，他去过贵阳附近许多地方，到过仙洞、南庵（今贵阳甲秀楼处）、太子桥、二桥、郊园等地。

四、不把自己的观点强加给学生

我们应该学习王阳明不把自己的观点强加给学生。王阳明不但勤于研究，勤于思考，更重要的是还勤于验证。他悟出新道理，不急于肯定，一定要再三验证，认定无误后，才开始向门人传授。王阳明由兵部主事贬至龙场，生活异常艰难。能否面对厄运，走出困境，他认为"心"是关键。他将悟出的这个道理，和"五经"中的言论相对照，全都吻合，证明他的看法没有错，才向门人传授。王阳明的"格物致知""知行合一""致良知""心即理"等理论的关键处是"心"，心无私欲之蔽，就可以获得真知，达到尽性，即达到圣人的最高境界。门人多次向他提出各种各样的疑问，他始终坚持以理服人，直到对方完全明白才罢。徐爱是他的妹婿，也是他的门人。徐爱没有弄明白王阳明关于"知行合一"的见解，前来请教。王阳明说："你试举例看看。"徐爱说："如今人们已经知道对父母要孝，对弟弟要爱护，却没能做到，知和行分明是两回事。"王阳明解释说：理论上知道了却不能实行的原因是被"私欲"阻碍了。有了私欲，就是知道对父母应当孝顺也不尽孝，对弟弟应当爱护也不爱护。还举出《大学》中的"如好好色，如恶恶臭"为例，进行解释。就像不喜欢很臭的东西，是因为知道它臭；喜欢好看的东西，是因为知道它美一样。我国教育的总目标是要通过全面推进素质教育，努力提高国民素质，培养具有创新精神和实践能力的适应21世纪现代化建设需要的社会主义新人，这一指导思想与王阳明的教育思想有许多共通之处，因而有很高的借鉴价值。中国古代教育和外国古代教育相似，其方式是师徒传授、口授。这两种方式，在工厂、手工艺界、演艺界至今仍广泛使用。这种教育方式的特点是用各种场合、各种机会进行教学；综合使用提问、发问、讨论、讲解、答疑、通信、作诗词作文等形式；针对性强，便于有的放矢。到明代，书院越来越多，学校教育有了很大发展。但主要还是采取个别面授的方式。班级式的课堂教学，直到近代才普遍采用。王阳明基本上采用个别面授的方式，他用这一方式，取得了巨大成就。

爱问："至善只求诸心，恐于天下事理，有不能尽。"先生曰："心即理也。天下又有心外之事、心外之理乎？"爱曰："如事父之孝、事君之忠、交友之信、治民之仁，其间有许多理在，恐亦不可不察。"先生叹曰："此说之蔽久矣，岂一语所能悟！今姑就所问者言之。且如事父，不成去父上求个孝的理？事君，不成去君上求个忠的理？交友、治民，不成去友上、民上求个信与仁的理？都只在此心。心即理也。此心无私欲之蔽，即是天理，不须外面添一分。以此纯乎天理之心，发之事父便是孝，发之事君便是忠，发之交友、治民便是信与仁。只在此心去人欲、存天理上用功便是。"

爱曰："闻先生如此说，爱已觉有省悟处。但旧说缠于胸中，尚有未脱然者。如事父一事，其间温凊定省之类，有许多节目，不知亦须讲求否？"

先生曰："如何不讲求？只是有个头脑。只是就此心去人欲、存天理上讲求。就如讲求冬温，也只是要尽此心之孝，恐怕有一毫人欲间杂；讲求夏凊，也只是要尽此心之孝，恐怕有一毫人欲间杂，只是讲求得此心。此心若无人欲，纯是天理，是个诚于孝亲的心，冬时自然思量父母的寒，便自要去求个温的道理；夏时自然思量父的热，便自要求去个凊的道理。这都是那诚孝的心发出来的条件。却是须有这诚孝的心，然后有这条件发出来。譬之树木，这诚孝的心便是根，许多条件便是枝叶。须先有根，然后有枝叶。不是先寻了枝叶，然后去种根。《礼记》言：'孝子之有深爱者，必有和气；有和气者，必有愉色；有愉色者，必有婉容。'须是有个深爱做根，便自然如

此。"（出自王明明《传习录》）

王阳明赞成性善说，认为人的本性是善的，心本来就是明亮的，蒙上污垢就不明亮了，失去善的本性，就会做坏事。如果把蒙在心上的污垢刮干净，让它恢复明亮，就会变成好人，乃至圣人。是什么污垢把心蒙蔽了？王阳明的答案是私欲。私欲是万恶之源，去掉私欲，心就能明亮起来。王阳明的一生，都在思考不但自己要成为圣人，还要让更多的人成为圣人，最好满街都是圣人的问题。在王阳明看来，要达到这个目的，在别的方面下功夫，都只看到枝叶，没有抓住根本。只有抓住心，才能抓住根本。王阳明提倡的圣学，所说的大学问，都在"心"上。

"心外无物，心即理。"我认为站在三尺讲台的教师就要"心外无物"。心就像一面镜子，没有让污垢（私欲）蒙上，"心即理"关键处是"心"，心无私欲之蔽，就可获得真知，即可做到用心育人，培养出阳光、自信的学生。

我通过以上学习，在向一代心学大师、一代素质教育先行者学习的基础上，结合父亲"农民式教育家"对我的影响和课改的相关要求，找到了课堂改革的方向、途径。教师"教"的目的是学生"学"，教只是手段；学生的学习又是需要教师"教"的，"教"是在学生心求通而未得，口欲言而不能而达到愤悱的状态之时进行。在课堂改革中，我结合所教班级的实际情况，不断实践探究，不断做微型课题，自主课堂教学模式已然形成（来路）。我把自主课堂分为：自主课堂的实践探究（让学生站"C位"）；自主课堂中如何分层教学（灵动）；如何养成自主学习的习惯实践研究（习惯）；如何提高小组合作学习的实效性的实践与研究（合）；小组建设的实践与研究（行）；自主学习单（导学单）的设计等专题实践与探究（知）。研究历时20多年，现已基本完成，从根本上解决了课堂没有吸引力、留不住学生、留守儿童不爱上学的问题，也真正落实了素质教育。

第二节 自主课堂要让学生站"C位"

一、背景

21世纪，是知识经济的时代，是科技飞速发展的时代。它要求公民不仅要具有较高的知识水平和技能，还要具有较高的文化素养和科学素养。只有采用灵活的教学方式，充分调动学生积极性、主动性、创造性，才能培养出不断追求新知，具有实事求是、独立思考、勇于创造精神的合格公民。

调查显示，我国义务教育目前的教学方式，是以被动接受为主要特征，教学以教师的讲授为主，很少让学生通过自己的活动与实践来获得知识。所以本次课程改革，是我国全面推进素质教育的核心问题和关键环节。它面向21世纪，以人的发展为本，提出了体现时代要求的培养目标和全新的学生观、教师观、教学观、质量观、评价观等教育教学理念。课程的改革必须带来教学的改革。有了新的教育培养目标和教学观念，必须采用与之相适应的教学方式，才能切实落实新课程，实现新目标。而新的教学方式不是现成的，需要我们在反思前期经验的基础上结合当地教育环境进行广泛深入的实践和探索，在形成新的理论和模式的同时，丰富和完善新课程理念。

二、本校现状及存在问题

（一）课堂纪律较差，秩序混乱

保持良好的课堂纪律是最基本的上课要求，但部分教师将良好的课堂纪律作为保证教学效果的唯一途径，认为只要课堂秩序良好，就一定能保证教学效果，以上这种想法是错误的。课堂上难免会有小组活动、群组讨论或者实验，这就需要学生保持充分的上课热情，积极投入课堂讨论中，此时，课堂气氛必定热闹，也能使学生真正投入学习中，取得良好的教学效果。但

是，如果教师一味地追求安静的课堂气氛，不允许学生交流，只会打击学生的学习积极性与主动性，使其渐渐对学习失去兴趣。

（二）学生学习缺乏主动性，对教师产生过多依赖

当前，部分教师对学生的学习参与意见过多，甚至存在教师包办教学的现象。在此种情况下，学生自主学习的时间逐渐减少，主体地位被严重忽视，难以成为学习的主人，这对教学效果会产生不利影响。

（三）课堂效果难以达到预期

在当前阶段，许多教师的教学理念与出发点是正确的，但是在教学方法与课堂管理方面还未真正获得正确方法，忽视了学生的个性差异、年龄特征以及当前的能力水平，导致教学效果难以达到预期目标。

（四）课堂组织能力较差

部分教师缺乏较强的课堂组织能力，不善于管理课堂，造成部分学生不专心听讲，课堂上讲话，搞小动作，上这门课做那门课的作业，严重影响课堂教学质量。

（五）小组合作学习形式化

对于学生而言，自主参与一些课堂小组活动能够有效地激发学习积极性与主动性，提高对相应课程的兴趣。但是在实际教学过程中，部分教师对合作学习、探究学习的意义与本质认识不足，甚至出现偏差，认识不到合作学习的重要性，既使得这类课程流于形式，也使得学生在学习中缺乏探究欲望，遇到问题得不到正确的解决方法，课堂学习趋于被动。如此一来，学生的学习欲望得不到真正的激发，最终导致课堂教学低效。

（六）传统意识顽固不化

由于部分教师尤其是老教师，不能及时转变观念，对于自主课堂学习模式采取观望，甚至是抵制的态度，依然我行我素，采取"一刀切"的方式，形式上虽然采取自主课堂模式，但是实际上依然采取传统教学方式，依然坚持"满堂灌""填鸭式"等教学模式，讲台仍然是教师一个人的舞台，教师常常替代学生回答问题。

（七）家庭对学生关注度不够

由于我校学生家长对孩子的教育普遍呈现观望的态度，同时忙于生计常年在外打工，直接导致一部分学生缺乏家庭教育，基础教育阶段学生的自律

性非常差，呈现"后进生"居多的现象。由于基础非常薄弱，这些学生在课堂上兴趣较低下、参与程度降低，从而使课堂效率大打折扣。此外，由于家长常年在外务工，导致家庭教育缺失，以及部分家长文化水平有限，不能指导学生及时做好课程的预习与复习，在一定程度上也降低了课堂的效率。

三、自主课堂理论依据及实践依据

（一）基本理念

1. 突破教学目标的片面性

"未来的文盲不再是不识字的人，而是没有学会自主学习的人。"这句话道出了培养学生自学能力的重要性。从信息论的观点看，自学能力是指一个人对信息独立选择、吸收、储存和运用的能力。学生有了自学能力，就如同有了一把打开知识宝库的金钥匙。

2. 突破教材的局限性

现行的教材并非完美无缺。正确的教材观要求教师克服"唯教材"思想、本本主义、教条主义，能为学生设计切合实际的教材以外的"活教材"，甚至有时可以增加一定的辅助材料或者改变已有教材。

3. 突破师生交流的单向性

有效的教学活动是学生的"学"与教师的"教"的统一，学生是学习的主体，教师是学习的组织者、引导者与合作者。传统的老师"讲"、学生"听"的灌输式教学缺乏民主和谐的师生关系，导致学生的好奇心与创造欲日渐减弱。要让课堂活起来，焕发勃勃生机，就要改变这种传统的教学模式。课堂上要营造一个宽松的教学环境，教师要以饱满的热情和真诚的微笑面对每一个学生，同时注意师生交流的多样性。课堂教学不只是教师"指向"学生，也可以是学生"指向"教师，尽可能让每个学生充分发表意见，让学生得到人格发展的机会。

4. 创设让学生自主学习活动的方式

在教学中，教师要发挥主导作用。主导作用体现在如何安排课堂教师讲授和学生自主学习。自主学习是与讲授接受式学习相对的一种现代学习方式。作为一种教学模式，自主学习接纳所有的教学方法来促使学生自主学习。自主学习的特点之一是："学习者积极发展各种思考策略和学习策略，

在解决问题中学习。"教师应千方百计为学生创设自主学习活动的方式。为了使学生主动学习，教师应开发学生的潜能和创造力，促进他们的知识、情感、个性等得到全面发展。

（二）理论基础

1. 课程标准

课程标准明确提出要提倡转变学生的学习方式，培养学生主动参与、乐于探究、交流合作的学习态度。这就要求课堂教学必须：是情感的课堂，要唤醒学生的学习欲望；是互动的课堂，要学生主动参与，自主学习，师生共同探讨；是高效的课堂，要求体现诱思探究的教学思想，提高信息量、思维量和训练量。

2. "群体动力"理论

"群体动力"理论认为，在一个合作性的集体中，具有不同智慧水平、不同知识结构、不同思维方式的成员可以使成员相互启发、相互补充，在交流的撞击中产生新的认识，上升到创新的水平，用集体的力量共同完成学习任务。

3. 马斯洛的需要理论

马斯洛的需要理论认为，在教育理论界，人们提出教育的交往起源说和交往的本质论，认为交往是人与人之间共同活动的需要，人们在交往中得到发展。我国古代教学理论也指出"独学而无友，则孤陋而寡闻"等，这都说明相互合作、相互交流在学习中的重要作用。特别是在现代科学技术高速发展的今天，任何一项发明创造除了个人钻研，还需要集体合作和协调。因此，不管是学习还是工作，"合作"在其中起着重要的作用，是事物发展的主要动力。教师在教学中应当充分体现这一特点，顺应发展规律和社会发展的要求，使学生在"学会学习""学会生存"的同时"学会合作"。

4. 合作教育理论

个体的力量是有限的，群体的力量则是无限的。小组合作学习的方式，能促进小组同学之间的互学、互助、互比、互励。通过学生之间的群体智力互补，不仅使学生学会关心和友爱，而且促进了学生的自我发展，体验到成功的喜悦。

5. 马克思关于人的全面发展学说

马克思认为，人在社会中具有主动性、自主性、社会性等基本属性。人的发展与人的活动的发展是一致的，活动是人发展的根本方式。教育的根本目的在于促进学生发展。发展的目的，应着眼于主体性生成和潜在智能的开发。开发教育的本质就体现在面向全体学生和全面发展上，为每个学生提供参与的机会，使他们在参与中得到全面和谐的发展。

6. 建构主义学习观和教学观

（1）建构主义学习观认为，学习是获取知识的过程，但知识的获取不是通过教师的传授，而是学习者在一定的情境下，借助教师和学习伙伴的帮助，利用必要的学习资料，通过意义建构的方式而得到的。建构主义学习观认为，情境、协作、会话和意义建构是学习环境中的四大要素或四大属性。

（2）建构主义教学观认为，教学是通过设计一项任务或问题以支撑学习者积极学习的活动，帮助学习者成为学习活动的主体；设计真实、复杂、具有挑战性的开放的学习环境与问题情境，诱发、驱动并支撑学习者的探索、思考与问题解决活动；提供机会并支持学习者，同时对学习内容和过程进行反思与调控。

将建构主义学习观和教学观相结合，可以看出：教学是以学生为中心，在整个教学过程中教师起组织者、指导者、帮助者和促进者的作用，学生是知识意义的主动建构者，而不是外部刺激的被动接受者和被灌输者。

7. 加德纳多元智能理论

多元智能理论指出：人的智力结构中存在7~8种相对独立的智力，并且每个人都有自己独特的智能结构。加德纳通过这种区分来强调发掘每个人身上隐藏的巨大潜力。该理论给我们的启示是：应该树立积极乐观的学生观，保证学生和谐地发展，促进学生特殊才能的充分发展，帮助学生将优势智力领域的特点迁移到弱势智力领域，让每个学生都有成功的机会，享受成功的喜悦，以此激励学生，促进学生的发展。

（三）概念界定

自主课堂是导向教师专业自主发展和学生合乎规律自我发展的途径，旨在通过教师启发式的教学自主和学生探究式的学习自主促进教师的专业发展和学生的一般发展与个性化发展。基于自主课堂开放、自主、个性、合作、

生成与共享等特点，探寻其与学习共同体的内在契合性，继而从拥有共享愿景、拥有共同目标、具有民主平等、师生灵魂契合、教师专业共生等方面打造学习共同体，把学校与班级建构成自主合作、各美其美、美美与共、和谐相生的学习型组织，以便从内生动力和持久动力机制上激发学校办学活力。

（四）实践依据

（1）本校历史上成功的素质教育实践。

（2）国内推进素质教育的成功案例。

（3）平日的教学实践中，所有成员不断摸索、改进自己的教学模式。

（五）自主课程价值

自主课程价值一：促进个体发展

自主课程是课程的一种重要形式，它是学生主体自主学习、生存和发展的课程。自主课程是学生从学科知识、社会生活和自身实践相结合的过程中，根据自身发展的需要而选择和确定的，它包括自我生命过程的认知、自我学习、自我发展等内容。自主课程以学生为本，由学生独立决策、自我设计、自我实施、自我管理。自主课程从形式到本质、从目标到实施都强调了学生的主体性和自主性，都是为了学生的自由和自主发展。作为个体的学生，兴趣、特长都有所差异，发育成长也有早晚，但他们可以根据自身情况，结合实际需要，自主选择学习内容，以此来满足兴趣、发展特长，并在这种学习中获得知识的积累和心情的愉悦，体会到学习的快乐和成长的幸福。学生还可以选择适合自己的学习方式，充分施展自己的能力，锻炼自身技能，在自主学习中体会到自身价值的独特性。学生进行自我评价和自主管理，既有利于认识个体的优、缺点，也有利于培养个体的责任意识和独立判断能力。通过自主课程的实施，学生能够意识到主体的存在和价值，能够增强自主性和自信心，并在此基础上获得学习的进步和个体的发展。

自主课程价值二：完善课程体系

国家课程是面向全国所有学生、由国家统一规定的、具有普适性的课程，它确保所有学生学习的权利，明确规定了学生在接受学校教育期间应达到的标准，并为公众了解学校教育提供标准和依据。地方课程一般是指由地方自主开发和具体实施的课程，它主要是为了促进国家课程的实施，弥补国家课程的欠缺，调动地方参与课程改革和课程实施的积极性。校本课程专指学校自己开发的、适合学校实际的、具有学校自身特点的课程。与自主课程相比，国家课程、地方课程和校本课程组成了一个外在限定的课程体系，从一定程度上规定了课程内容、制约着学生个体的发展；而自主课程是学生自主选择的结果，体现了学生个体的本质需求，具有内在源生的特点，并能更好地发挥学生的主体优势和个体特长，有效提高学生的学习效率。国家课程、地方课程和学校课程都是他人预先设定的，它们既不是以学生为主体，也不能完全适用于学生个体；自主课程却是学生自主选择、自主决定的，是以学生为主体的，它真正弥补了上述三级课程的缺陷和不足。

四、自主课堂设计

（一）目标

1. 初步形成自主学习的课堂教学操作要点

（1）课堂教学要求。尊重学生需求，注重学生内隐、外显的各种权利，相信他们潜藏的智慧，给学生表现自我的机会。尊重学生差异，让不同层次的学生获得不同的发展。

（2）课堂教学的组织形式。逐渐形成"创设情境、定向激发；自主探索、合作交流；讨论整理、明确结论；整理归纳、创新应用"的课堂组织形式。

（3）课堂教学的评价。用多元化的素质教学目标来评价。

2. 初步形成自主学习的课堂教学特征

（1）转变教与学的关系。

在自主学习的课堂上，"教"和"学"同时成为创造性的主体。

（2）转变课堂教学结构，在自主学习的课堂上，形成以下课堂教学流程（见图2-1）。

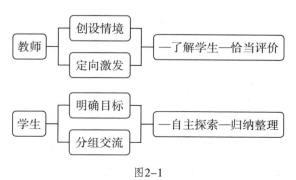

图2-1

（3）转变课堂教学评价标准方式。

以学生的学习为测量对象，评价一节课，引导教师从原来只研究怎样教转到注重研究学生怎样学。这种理念为课堂教学提供了一个清晰的概念：必须增加学生自主探究的时间，并尽可能提高活动质量。这是自主学习课堂与传统课堂的根本区别。

（二）内容

1. 课堂教学中实施小组合作探究学习的策略

（1）组建合作小组。

（2）小组合作探究学习的内容设计。

（3）小组合作探究的时机。

（4）课堂中小组合作探究学习活动的操作。

2. 小组探究学习与学生能力培养

学生在小组合作探究学习中，主要是通过讨论、争辩、表达、倾听及参与实践等形式来展开的。拟从以下几方面对小组探究学习与学生能力培养进行研究。

（1）在小组合作探究学习中培养学生学会倾听、学会讨论。

在小组合作探究学习中，学生在独立思考的基础上，通过共同讨论、相互启发，从而达到合作的目的。在小组合作中，教师要教给学生讨论的方法：各组由一人汇报自学或独立思考的内容，其他成员必须认真听，并且有自己的补充和见解；最后，将各自遇到的问题提供给全组成员讨论，对达成共识和未能解决的问题分别归纳整理，准备发言。

（2）在小组合作探究学习中培养学生善于发言。

在小组合作探究学习中，学生之间的交流和自我表达都离不开语言的表述，教师通过多种形式为学生提供讨论的时间和空间，创造民主和谐的氛围，让学生慢慢敢说、会说。教师要求小组成员人人都说，而且要大胆地、完整地说。

（3）在小组合作探究学习中培养学生对别人的发言进行辨别、评价的能力。

小组合作探究学习活动中的评价不只是教师对学生做出的简单评价，还包括学生之间的相互评价、学生的自我评价等。拟通过教学中教师的范评引导学生互评，让学生倾听他人发言后，也尝试用语言做出评价，对别人的发言的异议点说出自己的看法。

（4）在小组合作探究学习中培养学生归纳总结的能力。

在小组合作探究学习中，教师多给学生机会尝试归纳总结，哪怕归纳一点点。教师要及时给予鼓励，并继续引导。

3. 小组探究学习与培养学生团队意识的研究

通过各种措施对小组探究学习与培养学生团队意识进行研究。

4. 小组合作探究学习中的教学评价的研究

（1）从小组合作探究学习评价的角度进行研究。

（2）从小组合作探究学习评价的方式进行研究。

（三）对象

我校全体学生。

（四）方法

1. 文献分析法

从多角度开展对资料的比较研究，借鉴已有的研究成果和经验教训，找到新的生长点，为课题研究提供理论框架和方法论。

2. 调查法

深入课堂了解现状，发现存在的共性问题，为本课题研究提供现实依据。

3. 行动研究法

通过行动研究法发现探究教学中的问题，提出解决方案，在行动中落实与调整方案，进行观察与反思，提出意在转变学生学习方式，促进有效学习的多样实践教学应用研究。

4. 经验总结法

积累有价值的个案，并上升推广。

（五）原则

1. 把问题当作课题

强调解决教师自己的问题、真实的问题和实际的问题。不过，并非任何教学问题都构成研究课题，只有当教师持续地关注某个有意义的教学问题，只有当教师比较仔细地探究问题与有了解决问题的思路之后，平时的教学问

题才可能转化为研究课题。

2. 把教学当作研究

教学和科研是相互依存、相得益彰的，而不是截然分开的"两张皮"。其实，教学活动就是在不断地探究、修改与完善的过程，已经有了科研的性质。有效的教学不是日复一日地简单重复，而是教师自觉学习新的教学经验和理论，充满激情的创造性探索活动。同时，还必须适当开展一定规模的教育科研，提升我们教育科研的水平。

3. 把成长当作成果

在研究结束后，教师将按计划对整个研究过程进行分析和总结，提炼经验：把自己对教育科研的认识、体验、感悟写出来与同伴交流；把教学过程中成功的案例记录下来，并用新理论加以剖析与同事共享；把教学过程中的经验总结出来，把教学成果以撰写成案例的形式呈现出来，与同行共同切磋交流，从而不断地从实验过程中总结经验，并用它去指导平时的教学实践，以提升自己的业务水平。还要不断地进行反思，教师通过反思能正确地认识自己，通过反思客观地评价自己，进而提高教育教学行为的自觉性。

（六）自主课堂形成的主要模式

1. 基本模式（自主学习的四个层面）

基本模式：驱动学习（激发学生参与）—交流学习（学生学会参与）—评议提升（学生自我评价、学生间互评、教师评价）—反思拓展（学生自我认知）。

2. 模式解读

（1）驱动学习。

主要任务：激发动机、明确目标、自主学习、记住内容。

环节要求：

① 让学生通过自学初步弄懂问题，并就此记住最基本的事实和知识。必须制定出详细的导学提纲（导学单），而导学单的设置要以基础知识为主，明确本课教学目标及学习重点，说明自学要达到的程度，让学生围绕目标与重点进行自学。

② 导学单最好不要写成练习或作业提纲，否则容易使学生把自学局限于完成练习或作业。为使导学单更具操作性，应让学生备有专用的练习本，

把自学中自己无法解决的问题或自己发现的问题做上记号，以便在课堂上寻求帮助。

③ 新课导入应做到快、新、实、快，即导入快，不拖泥带水，使学生尽快融入课堂。新，即针对学生好奇心强的心理特点，使其对授课内容产生兴趣，提高学习积极性。实，即导入环节应为整个课堂服务，导入内容应与授课内容保持一致，不可为新而新、为奇而奇。

④ 自主学习可以采取个人自学、合作学习、探究学习等形式。对自学部分的设计可以用多元化的角度呈现出来，或问题，或情境创设，或活动设计等，所设计的问题应该具有针对性、开放性、探索性，注重联系生活实际，方便学生进行讨论交流。小组学习最好每个（或两个）学习小组各承担一部分问题。

⑤ 教师的自学指导要做到四明确：明确用时、明确内容、明确方法、明确要求。在学生自学的过程中教师要巡查，巡查的主要目的是了解学情。

评价关注点：

① 目标、任务、制定是否符合课标要求和学生实际。

② 学生学习的自主性。

③ 自主学习的目标达成度。

（2）交流学习。

主要任务：学习反馈、沟通交流、个性展示、解惑答疑。

环节要求：

① 教师要根据教学实际设计需要检查、交流、讨论的问题，并事先告知学生。

② 要在各层次学生（或小组）中选出一名或两名学生讲述、解释课堂提出的问题，使学生学习情况得到及时反馈。学生发言、板演、演示操作时，其他同学要学会倾听、观察、思考，随时准备完善和补充。

③ 教师要注意多从正面引导学生讨论，对于错误要说出错误原因和更正的理由；对于学生在学习或汇报中的疑难问题，教师要启发全班学生讨论解决，学生不会的教师再点拨；要引导学生寻求规律，发现规律，让学生真正知其所以然，帮助学生提高分析问题、解决问题的能力。

④ 教师以学生的认知水平为出发点，预测他们会问什么，有针对性地

准备，这样才能更好地为学生释疑。

⑤ 整个部分要关注学生情感的体验、能力的培养。

评价关注点：

① 教师引导艺术。

② 学生参与度（学生个性化的理解与表达）。

③ 教学难点分散、重点突出。

（3）评议提升。

主要任务：厘清思路、学习评议、总结归纳、理论提升。

环节要求：

① 教师通过重申学习目标和学习重点，要求每一个学生都要掌握基本概念、核心知识，对于没有掌握的学生，教师一定要有具体补救措施。

② 通过知识梳理、单元回归，帮助学生构建知识体系，从而系统地掌握本节课的知识，获得比较完整的知识和技能。小结的设计可以是教师来做，也可以是学生来做，或是师生共同完成。

③ 教师对学生学习过程和结果要多给予肯定，以便让学生形成积极的自我评价，帮助学生逐步树立学习信心。

评价关注点：

① 教师的发展性评价。

② 信息技术运用与学科教学的整合。

③ 知识归纳的精确度。

（4）反思拓展。

主要任务：学会反思、自我认知、练习巩固、拓展提高。

环节要求：

① 给学生设置一些生成性较高的题目或活动，给学生一些他们想知道又感兴趣的内容，以便开阔学生的视野，调动学生学习的兴趣。

② 督促学生独立完成作业，通过作业和改错，检验知识掌握程度。课堂作业要典型、适度和适量。要低起点，多层次，有必做题、选做题、思考题。鼓励必做题做完的学生做选做题或思考题。

③ 教学生学会反思，以引发学生更多、更深的思考与发现，使学生养成良好的学习习惯。主要反思自己的学习过程，反思自己的收获，反思自己

的不足，认识到自己的知识漏洞，以便查漏补缺，自我提升。

④ 学生作业期间，教师要通过巡视了解学生本节课掌握的情况。

评价关注点：

① 开放性习题的设计。

② 教师的个别辅导。

③ 学生的自我评价。

（七）自主课堂形成的主要策略

1. 导学单导学策略

导学单导学策略是以自主学习为中心的课堂教学的有效选择，是最主要的教学实施策略。导学单应包括学习目标，学习重点、难点、疑点，读书思考题，疑难信息反馈，学习活动的设计，梯度导学导练，知识拓展等部分。在导学单的设计上，应包括学习内容和学法指导，如观察、记忆、联想、对比、推理、归纳、思考讨论等；还要拟定培养学生思维的方法，训练学生学科能力，指导解题方法等，使静态的学习内容动态化。

2. 自学辅导策略

自学辅导策略的内涵是指学生在教师的指导下，进行自学而达到掌握知识的目的。在自学辅导过程中，教师首要的，也是贯穿始终的任务，是激发学生的学习动机。自主学习的核心因素在于激发学生的学习动机。这是因为：自主学习有别于各种形式的他主学习，它是学生积极、主动、自觉地从事和管理自己的学习活动，而不是在外界的各种压力和要求下被动地从事学习活动，这种自觉从事学习活动，自我调控学习的最基本要求是主体能动性。

学生的自主学习活动在很大程度上依赖于学生自身的主观能动性，从另一个角度来说，就是依赖于教师有效调动学生的学习动机。心理学研究者从六个方面提出了动机激发的策略。

（1）坚持以内部动机作用为主，外部动机作用为辅。

（2）实施启发式教学，创设问题情境，激发学生认识兴趣和求知欲。

（3）利用学习结果的反馈作用。

（4）正确运用竞赛、考试与评比。

（5）注意内外动机的互相补充，相辅相成。

（6）注意个别差异。

这些是具有一般性的动机激发策略，立足学生心理发展规律来组织教学行为。在课堂上，激发学生的学习动机更为微观、直接，特别是为实现学生自主学习的动机激发，具有更强的操作性。

活动建构教学论主张，学生学习动机的激发应从两个方面来实施。

一是兴趣的引领。学生的学习兴趣是其学习动机的重要心理成分。当学生对于所要学习的内容充满了强烈的兴趣时，他们往往不再需要过多的外在刺激，便能积极主动地投入学习之中。激发学生学习兴趣，并培养起学生对于学习的持续兴趣，是激发学习动机的必要环节。单就课堂教学来讲，由激发学生学习兴趣来引领学生的学习动机，有许多可操作的切入点。

二是评价的激励。自学辅导的两大要素是"自学"与"辅导"，而"辅导"的过程始终伴随评价进行。评价对于激发学生学习动机具有不可替代的重要作用，并且将合理的评价与适当的表扬、批评相结合，才能更好地发挥其作用。

（八）自主课堂形成的主要方法

1. 明确目标

有效的教学始于知道希望达到的目标是什么。因此在课堂伊始，就要向学生明确本节课学习的目标及内容，引导学生把握全局，确定重点、难点。让学生明白这节课要办几件事，办到什么程度。明确时间、内容、方法，强调教学目标的规定性。保证整堂课有明确的目标，不至于课堂"跑偏"。

2. 课前预习自主学习

在每堂课上课前一天，应将第二天要上课的内容以作业的形式布置给学生，先让学生在教师及导学单的指导下预习。学生带着预习的成果和问题进入课堂，课堂学习时更具有针对性。学生获得答案，得知自己做对后，会充满成就感、自豪感。这样既激发了学生的学习兴趣，训练了学生的创造性思维，提高了学生学习的主动性和主体意识，又促进了学生学习能力的提高和良好习惯的养成。

3. 对群学习指示明确

自主课堂中，对群学习的环节是学生合作学习的时间，通常时间为

8~10分钟。为了使学生讨论合作学习时更加有效率，避免学生对群学习时间过长，注意把控学生展示的时间。

4. 课堂小结及当堂检测

在每节课结束前5分钟，教师应该组织学生完成课堂小结及当堂检测的环节。课堂小结能够帮助学生将本节课所学习的内容加以整理。课堂小结是回顾、总结这一节课是否成功、是否达到了预期的目的，既可以起到备忘录的作用，又能提高教师的教学水平，在教学中起着举足轻重的作用。课堂小结不单可小结本课知识点，也可适时小结学法，亦可由教师提出启发性的问题让学生自己小结，甚至也可以把生生间的互评带到课堂小结中来。

当堂检测是指在课堂中完成并得以反馈的作业，它是课堂教学的重要组成部分。进行当堂检测就能在课堂上马上暴露问题，使学生的学习主动性得到激发，让学生明白自己知道什么，不知道什么。从教师的角度来看，当堂检测能看到学生在新知识应用上的不足，从而根据具体情况，及时调整教学，体现真实性；从学生的角度来看，当堂检测能促使学生将刚刚理解的知识加以应用，在应用中加深对新知识的理解，体现实效性。

5. 小组建设

（1）小组建设的意义。

小组建设是自主课堂的两条支柱（导学单和小组建设）之一。建设学习小组有以下好处：改变了原来单一的授课方式，更能体现"以生为本"的理念；培养了学生之间的交流合作能力；培养了学生团结协作的集体主义精神；分组合作既增加了学生展示的机会，又增强了学生的自信心；有利于落实兵教兵、兵练兵、兵强兵的小对子帮扶工程；有利于实行分层教学，教学中更注重学生的个体差异；不仅增强了学生自我管理的能力，更有利于班级管理。

（2）小组划分的原则。

小组划分应遵循"同质结对、异质编组、组间平行"的基本编组原则，根据学生各自不同的学业成绩、心理特征、性格特点、兴趣爱好、学习能力、家庭情况等方面划分学习小组，一般以异质为主，使小组成员之间具有一定的互补性和个性化。同时保持组与组之间的同质，以便促进组内合作与组间竞争。

小组划分时应该注意：①男女比例分配要适中，充分发挥男女生思维模式不同的天性，能让他们优势互补。②学生性格搭配要互补。③优势学科与弱势学科要结合好，以便于同学间的互帮互助。④座位的安排要合理，让学生在同一小组内，优生可以相互探讨，后进生也可以非常容易地请教优生。⑤注意阶段性随机调整，根据学生发展情况，老师应该及时调整小组组合。

（3）具体分组方法。

合作学习小组的人数因学段高低不同而不同。确定小组人数时，应该充分考虑学生年龄大小和自主性强弱等因素从而适度增减小组人数。每班以6个小组为宜，每组6～10人，按照学生知识基础、心理特征、性格特点、兴趣爱好、学习能力、家庭情况等将学生分为A、B、C三类。我们将A类学生称为特优生，B类学生称为优秀生，C类学生称为待优生，A、B、C类学生既有个性发展的类似性，又有学习程度上的不同。在学习过程中，可以实现A对A、B对B、C对C的分类合作交流，使学习更具有针对性；同时，还可以实现A教B、B教C的目的，使每个人都能实现"最近发展区"的学习目标。

6. 导学单设计

导学单是从传统的教案转换而来的，教师不再是自备自用教案，而是将教案设计成师生共用的学案。导学单在很大程度上是站在学生"学习"的角度而设计的，课堂教学的中心从教师的如何教转移到如何让学生学会、会学。自主课堂是以导学单为基础开展的，导学单的设计及使用效果直接影响到一堂课的流程进度及学生的学习效果。因此，想让一堂课变得真正高效起来，高效地设计及使用导学单尤为重要。

自主课堂中导学单有效设计的原则包括学案的设计要问题化、针对化，要有梯度、有层次，要情境化、代入化。要高效地设计及使用导学单就应做到课前导学单的预习及批阅、课堂导学单的学习及整理、课后导学单的二次批阅及反思。在编写、使用导学单时应注意避免导学单设计习题化，避免导学单与课本脱离，避免导学单上知识点罗列的问题。

7. 师生关系

自主课堂强调创新性发展，教育的目的是培养学生自主能力、合作能力、创新能力和整体素质。自主课堂模式正是对新课标的一个很好的诠释，其本质是将课堂还给学生，变"教"为"学"，教师不再是讲授者而是引导者，让学生真正成为课堂的主人、学习的主人。这种不同于传统的课堂要求教师注意教育理念的转变，将师生关系重新定位。

在自主课堂理念下，师生关系应从传统的管理与被管理的关系中跳出来，教师不应仍然把自己当成授课者，认为学生是知识的被动接收者。自主课堂中，教师应该充分发挥学生的主动性、能动性，要充分相信学生，不要做喋喋不休的说教者，更不要把对学生的管理理解为对学生行为的控制，这自然会引起学生的反抗。自主课堂中的师生关系不应该是对立的，应该是和谐的，是同学、朋友、战友的关系，师生应该在课堂中共同学习进步。

8. 学生自主发展

自主课堂符合以人的发展为本的教育观念，促进学生在自主探索学习中发展，充分调动学生自主学习的能动性，是教学追求的理想目标，是学生自主探索、自主发展的必要保障。在自主课堂中学生是主体，因此学生的自主学习能力的强弱，直接影响课堂的学习效率。因此，教师应该注意从以下几方面引导学生自主学习。

（1）创设和谐民主的新型师生关系，增强学生主体意识。

教学活动是教师与学生的双边活动，教学过程不仅是一个认知过程，还是一个情感的交流过程。在教学活动中要注意学生的年龄特征和认知规律，要善于激发学生学习的积极性。

（2）培养学生的自主评价能力，促进学生主动发展。

学生的学习过程是一个不断接受评价和进行评价的过程。在教学过程中，教师要适当地创设一些似是而非的错误问题，利用错误辨析等方式，鼓励学生质疑，引导学生进行评价，以培养学生的辨别能力、分析能力。引导学生对自己的判断、作业进行反思、评价，也是促进学生主动发展的一种有效方法。

（3）实施分层教学，激励学生实现目标，促进学生自我评价。

教学要做到面向全体是有一定困难的，因为一个班级中学生的智力发展水平、学习习惯、学习基础、学习动机等各不相同。如果面对学习较差的学生进行教学，则不利于学习优秀的学生发展；反之，则不利学习较差的学生学习。分层教学是一种较为可行的方法，它能充分发挥不同层次学生的主体性、能动性，使他们学有所向、学有所成。这就是我们常说的因材施教，因人制宜。

五、自主课堂的主要成果

（一）形成的主要经验

1. 自主课堂应该改变教师观念，关注教与学的过程

新课程背景下，老师的角色变了，教与学的方式变了，我们对自主课堂关注的重点也要改变。新课程要求师生全员、全程和全身心地参与教与学活动，教师要关注学生的情绪状态，要激发学生的学习动机和兴趣，学生要以饱满的精神状态投入学习之中，并能自我调节和控制学习情绪，对学习能保持较长时间的注意，要具有好奇心和强烈的求知欲。教师要激发学生的深层思考和情感投入，鼓励学生大胆质疑、独立思考，引导学生用自己的语言表达自己的观点，遇到困难与其他同学合作、交流，共同解决问题。另外，课堂上要善于换位思考，转变老师与学生的角色。例如，教学诗词单元时，让学生自己阅读掌握阅读方法，然后分享，接着一边读一边画出诗词的意境，共同完成。这样做的目的是让学生以后在阅读教材时能够读中有思、思中有读、意中有景。

2. 缩短师生距离，创设和谐宽松的氛围

如果想要让学生真正做到放开束缚，主动探究，教师首先要放下架子，走近学生，把学生当作学习的主人，努力创设一种和谐、宽松的教学氛围，使学生感到教师是自己的亲密朋友。因此，老师在教学中要用商量的口气，活泼甚至幽默的语言与学生展开交流，成为学生平等的合作者。合作意味着参与，意味着一种师生之间的共同体验，从而可以使学生生成新的知识和技能。因此在新课程的课堂上，师生之间的合作是极为重要的。没有合作的教学是难以实施新课程的，或者说是无法体现新课程理念的。这就要求教师要从讲台上走下来，全身心地融入学生中，与学生一起交流、一起活动、一起营造有利于个性发展的课堂气氛。实践证明，只有在和谐、宽松的氛围中，学生才处于积极主动的学习探究状态。有了这一前提，就为促进学生充分发展提供了保障。

3. 开放思维空间，鼓励解决问题策略多样化

有了宽松、和谐的教学氛围做保障，开放思维空间、鼓励解决问题策

略多样化，便是促进每一个学生充分发展的有效途径。首先，有了足够的思维空间，学生就会积极探究，寻求解决问题的策略。其次，鼓励解决问题策略多样化，提倡多元思维。学生在无拘无束的状态中，从不同的角度思考，用不同的知识与方法解决问题，这样的学习是最有效的。多样交流的策略经历，无疑是促进学生充分发展的有效过程。在课堂上鼓励学生敢于提出疑问，引导学生产生疑问，进而发现问题，要给学生质疑的时间和空间，使学生可以随时质疑。会质疑本身就是思维的发展、能力的提高。通过质疑使学生获得有益的思维训练，变"学会"为"会学"，会发现问题、分析问题、解决问题再发现问题，养成勤于思考的习惯。

4. 讲究评价艺术，促进学生积极探究

在比较开放的教学环境中，学生的思维始终处于较积极的状态。在解决问题的过程中，学生不免会出现不同的想法，对学生各种想法如何评价，直接关系能否保护学生的积极性，恰当的评价将是促进学生充分发展的有效催化剂。首先，评价应以鼓励为主。评价应注意情感效应。对学生而言，不管教师评价，还是学生互评，学生都渴望得到一定的认可，获得成功感，因此，评价应以激励为主。例如，当学生的想法有道理，但表达得不够清楚，这时教师千万不可全盘否定，可以说："你的想法很有道理，老师已经明白了你的意思，如果说得更明确些，大家就能明白你的意思了，试试看。"如果学生的想法完全错误，教师也应用委婉的口气说："看得出来，你正在积极思考，但这种结论是错误的，没关系，再想想。"如果有的学生的想法出乎老师的意料，但又有道理，教师可以欣喜地说："好！有创意，老师也从你的想法中长了见识。"当然，注意激励的语言要恰到好处，千万不要言过其实，给人虚假的感觉，同时要注意避免单调枯燥地重复一些套语，如"你真棒""好的""很好"等。其次，评价的方式可以多样化。如既可以采取教师评价与学生互评相结合，也可以采取一些小小的奖励手段，如奖励小红花、获胜旗等。这种奖励学生的方法，在课堂上激发了学生的进取心，强化了其优良行为。学生表现得积极主动，课堂不断出现精彩的场面。实践证明，在这样一种人人都得到尊重和认可、人人都积极参与的状态下，学生的充分发展将不再是空想。

5. 尊重学生个别差异，促进学生个性发展

学生的差异是客观存在的，正确认识学生差异是实施个性化教学的前提。学生之间有生活经验的差异、原有基础的差异。既然差异是客观存在的，那么教师要重视营造民主的氛围，让每个学生在民主的氛围中得到尊重，有发言权，积极进取，进而发挥自己的聪明才智。新课程标准和教材的突出特点，是密切联系学生的生活，便于学生生动活泼地、主动地发展。因此，教师在教学中应留给学生合作探究和互相交流的空间，让每一个学生都得到充分发展。

6. 多写教学反思

教学反思是教师将教学实践活动升华为教育理论的必由之路。写好每堂课的教学反思，着重从以下几个方面着手：①写成功之处。将达到预先设计的教学目的的做法、某些教学思想方法的渗透与应用的过程、教学方法上的改革与创新等详细记录下来，并在此基础上不断改进完善。②写不足之处。对课堂教学的疏漏之处进行深刻的探究、剖析，使之成为今后教学的教训，更上一层楼。③写教学机智和学生创新，将这些"智慧的火花""创新的火花"记录下来，作为今后教学的丰富的经验材料。④写再教设计。扬长避短，精益求精，把自己的教学水平提高到一个新的境界和高度。

总之，课堂教学是学校教育的主阵地，要切实提高教育教学效率，课堂就是我们的主战场。只要我们理性地认识课堂教学，客观面对我们课堂教学中存在的问题，冷静思考，少一点束缚，多一点空间，勇于实践，善于总结，不断改进我们的课堂教学，就一定能提高课堂教学效率，打造自主课堂。

（二）构建的主要模式

驱动学习（激发学生参与）—交流学习（学生学会参与）—评议提升（学生自我评价、学生间互评、教师评价—共情—多元化）—反思拓展（学生自我认知）。

前文已详细描述，此处不再赘述。

六、自主课堂问题反思

（一）自主课堂分析

自主课堂的教学模式适用于我校，对于学生的发展有以下几方面作用：

1. 自主课堂能培养学生主动发展的能力

在传统的教学模式中，学生是教育的对象，学生的发展是被动的，对于发展目标、发展目的、发展方向，学生心中没有底，教师牵到哪，学生就跟到哪。在这种情况下，教师的"教"与学生的"学"无法拧成一股劲儿，削弱了教育力量。自主学习是学生通过自学、探索、发现来获得科学知识的新型教学方式。它强调学生是学习的主导者，学生可以自主安排学习内容、学习方式、学习目标，学生对整个学习过程是心中有数的。学习是学生自己的事，学生以极大的热情投身到整个学习过程中，有明确的目的、方向，在自觉状态下主动学习，会收到事半功倍的效果。

2. 自主课堂能使学生形成良好的学习品质

自主学习使学生真正成为学习的主人。学生主动掌握整个学习过程，自发、自觉地投入学习，自己对自己负责，学习的主动性会大大增强。在学习过程中，学生会很快找到适合自己的学习方法，提高学习效率，养成良好的学习习惯，这比在教师的强迫下学多少知识都更可贵。良好的学习习惯又能保障进一步自主学习，二者之间形成了良性循环，使学生受益无穷。在学习过程中，需要学生明确目标，开阔思路，丰富想象；需要学生根据学习情况及时调整自己的知识结构、思维方式与学习方式；需要学生具有较强的适应力和应变力；需要学生不断克服困难，不怕挫折，具有敢于怀疑、敢于成功的精神。学生在学习过程中，不知不觉地培养了良好的学习品质。自主学习，还可以使学生走出传统，走出书本，求真务实，勇于进取，乐于改革，欢迎新事物，接受新观念，充分发挥自己的潜力，尊重别人的劳动、贡献，注重效率。

3. 自主课堂能培养学生的自信心

自信是一个人成功的关键。一个自信的人，总是会精神饱满地去迎接挑战、战胜困难。德国教育家第斯多惠在教师规则中曾明确指出：教学的艺术不在于传授的本领，而在于激励、唤醒、鼓舞。学生在老师的期待和激励中

获得信心和力量，会情不自禁地投入学习之中。自主学习可以使学生在受教育的过程中形成创造的自信心。自由的学习环境、良好的学习氛围、正确地引导、适当地点拨，使学生能自发、自主地探究知识，体验独立获取知识的喜悦，增强自信。在整个自主学习的过程中，教师应重视每一个学生的观点和问题，课堂上洋溢着宽松和谐、探索进取的气氛。教师及时对好的方面予以肯定和表扬，对出错者予以耐心指导和鼓励，关注学生的学习过程，学生得到了充分重视，体验到了成功的乐趣，自信心增强了，学习的兴趣也就更大了。

4. 自主课堂能培养学生的创造意志力

创造过程是一种探索过程，成功与失败共存于整个过程中。那种自觉的、顽强的、勤奋的、实事求是的、百折不挠的、敢想敢干的精神，是一个成功者必备的心理素质。现代教育的最高目标是培养学生的创造力。学生产生自己的思考，发展自己的个性，使自身价值得到肯定，好奇心和求知欲被充分激发，会迸发出创造力。教师应不断检查学生的学习情况、学习成果，给予必要的鼓励与帮助。可以帮助学生组建兴趣小组，鼓励他们勇于实践，在实践中增强自己的创造意志力，还可以培养他们的团队协作精神。

5. 自主课堂能保护并激发学生的好奇心

好奇心是人的天性，但在传统的教学模式下教师经常会无意识地扼杀学生的好奇心。好奇心被扼杀，直接影响到学生的学习兴趣和自主学习意识的形成。爱因斯坦说过："我没有特别的天赋，只有对事物的好奇心。"受好奇心的驱使，学生会问许多稀奇古怪的问题，教师应该给予重视和鼓励，不要害怕和阻止学生的"好问"，不要讽刺和贬低学生的"怪问"。教师要培养和表扬学生的勤于提问，不要限制和压抑学生的"多问"。教师要鼓励学生敢于提问，善于提问，而且问得颇有见地、切中要害，从根本上保护学生的好奇心。教师还应深入了解学科知识，创造情境，引导学生发现其中的深奥道理，激发、培养学生的好奇心。

（二）问题反思

在自主课堂的开展过程中，我们虽然取得了一些成绩，但是仍然存在一些问题。

1. 情境

问题：我们在平常课堂教学中存在着较强的学科化倾向，在情境创设部分不能有效地进行多学科情境创设的有机整合。学习形式过于单一，我们在参与自主学习教学活动中经常会犯学科本位的错误，这样就不能激发学生自主学习的兴趣。

2. 任务

问题：①不懂得问题选择的相关原则，选择了不该选择的研究问题；②问题方向过于广泛，研究问题太大、太抽象，使学生不能准确表达自己的想法，不能将课本中的问题变成研究的问题；③不懂得区分问题研究的层次，以及解决问题和深化研究的常用方法，思维不够开阔；④教师不能对学生的研究问题进行把关，而是越俎代庖，代替学生选择研究性问题；⑤教学方法单一，缺乏综合性；⑥不能把研究内容和实际相结合。

3. 过程

问题：现在很多课程的自主学习完全处于一个纯活动的状态，课程教学内容完全是以学生活动的形式出现，使之成了新型活动课。另外，自主学习过程中不能根据实际情况修改设计好的学习过程，在学习过程中不能根据实际情况调整步骤时间。还有个别学生小组依赖性强，不能做到自己自主独立学习。

4. 资源

问题：①所选的资源要与自主学习目标相吻合，不能泛泛地随意选择资源，对资源没有筛选；②过分依赖网络获取资源，照搬全抄，不讨论和研究，获取的资源不能很好地分类整理。图书资源很少利用。

5. 成果

问题：①学生存在陈述不清楚，或者敷衍了事的情况；②成果表现内容单一，各个小组层次不一。

6. 评价

问题：①太注重小组评价，忽略个人评价，评价对象单一，内容枯燥；②评价方法缺乏多样性，评价中的量化不能客观反映学生实际水平；③评价的关键作用是促进学生的学习积极性，因为评价不到位而挫伤部分优秀学生的积极性。

课题遗留的问题还存在，所以课题的结束并不意味研究的结束，我们仍然在探究的路上。

七、准备研究的问题

（一）自主课堂延伸研究

在自主课堂教学中培养学生学科核心素养的研究。

1. 培养学生学科核心素养的意义

（1）维护学生主体地位。

我国延续时间最长的教学模式即传统的教育模式。然而，随着社会经济的进一步发展，这种教学模式已经不适应当下社会，因此课堂上应更加注重每一个学生的自主成长。通过生活化教学，能够充分发挥学生的主体地位，避免了在教学过程中出现教师"一言堂"的现象。与此同时，在生活化教学过程中，能够鼓励每一个同学参与到课堂教学过程中，使学生成为学习的主人。

（2）构建高效学习课堂。

传统的教学模式并不适应学生个人发展需求，通过创新教学模式能够按照学生的实际生活采取相对应的学习方式，使得教学课堂与学生生活相结合。在核心素养教学背景之下，教师能够充分关注不同学生的需求，这有助于班级学习成绩的进一步提高。与此同时，核心素养下，教学也在无形之中为教师提供了交流的平台，根据不同学生的反馈及时调整教学方案，有助于高效教学课堂的构建。

2. 培养学生学科核心素养的策略

（1）运用多媒体技术。

（2）开展课堂演练。

（3）开展课后分析。

（二）组织课堂的推广

（1）加强成果理论学习，不断提高能力素质。

（2）加强信息沟通交流，深化巩固研究成果。学校根据课题成果推广的实际需要，开展各具特色的推广应用活动，通过活动巩固成果。

（3）机制促进，激励推动。制定相应的奖励政策，对在推广研究工作中取得显著成绩的教师和管理人员进行表彰和奖励，把课题的推广与校本培训和全校青年教师培养计划的落实相结合。

八、小结

我通过对自主课堂的实践研究，经历了前面的"临帖—入帖—破帖"的阶段和后半年的"规范—巩固—展示—总结"的阶段，矫正教学行为，转变教师的教育教学观念，培养学生良好的学习习惯和学习能力。我不断学习实践，基本触及自主课堂的精髓，促进自身教学理念及教学模式的转变。课堂终归是要还给学生的，好的教师是教会学生学习的教师，注重学生个性发展的教学才是适合学生成长的教学。

（一）自主课堂概念

以学生为主体的教学模式，学生能做到动手、动脑、动口。培养学生主动学习、会学习、会归纳、会创新等。

（二）具体流程

课前自主学习单（导学单）—小组合作探究—小组分享—小组补充—其他小组补充—下组评价—教师引导—评价。

（三）自主课堂评价

教师课堂教学技能清单如表2-1所示。

表2-1

维度	微技能清单
教学设计微技能	·教学知识点梳理技能 ·学习目标设定技能 ·教学活动设计技能 ·预学任务单的设计技能 ·延学任务单的设计技能
课堂教学与管理技能	·团队组建技能 ·团队建设技能 ·小组学习活动组织技能 ·小组互学激发技能 ·小组讨论技能 ·课堂教学提问的能力
教学评价技能	·教学反馈能力 ·教学及时评价技能 ·教师教学多元与团队评价技能

基于证据的"自主、合作学习"学科教学观察评价表（一）如表2-2所示。

表2-2

姓名：　　　　　　　　　　　　　　　　　　　　　　　　　年　月　日

课堂结构	观察点		分值	得分
示标 （时间：约3分钟）	读标、质疑、释标		2	
实施目标 （时间：约28分钟）	预学任务书落实的检查		3	
	预学质疑		4	
	核心学习任务 的师生共学	基础性目标的达成	4	
		发展性目标的达成	4	
课堂学习总结 （时间：约7分钟）	验标		2	
	学习收获		2	
	教师评价		2	
本课时的拓展性延学任务 （时间：约2分钟）	下节课的预习任务书		2	

　　基于证据的"自主、合作学习"学科教学观察评价表（二）如表2-3所示。

表2-3

教材版本：第　单元　第　课课题　　　　　班级：　　　　　执教教师：

项目	内容	分值	得分
目标	目标制定是否符合学科、年段特点	4	
教学活动	针对本课教学重难点所设计的教学活动是否有效	4	
教学落点	教学落点是否与目标一致	4	
核心内容	本节课的核心内容是否交由学生完成	5	
目标达成	目标达成效果是否显著	4	
板书设计	板书设计是否简明扼要地体现教学内容	4	
知识性错误	有无学科知识性错误	5	
综合评价			

基于证据的"自主、合作学习"课堂观察评价表（三）如表2-4所示。

表2-4

观察教师		执教教师	学科课题		班级		上课时间		总分
阶段项目	个体学习 1.完成任务书情况。5分（得分：　　） 2.阅读、倾听、记录、表达情况。10分（得分：　　） 3.参与小组活动情况。5分（得分：　　）		合作学习 1.合作交流。5分（得分：　　） 2.同伴互助。5分（得分：　　） 3.评价鼓励。5分（得分：　　）			教师支持 1.学习目标制定适当。5分（得分：　　） 2.学习目标与活动落点一致。5分（得分：　　） 3.教师技术支持：提问、引导、辅导、点评。5分（得分：　　）				
预学									
共学									
延学									
观课证据分析	学生小组合作学习次数（含对子和小组）： 学生个体发言次数： 学生小组合作成果展示次数： 学生学习时间：					教师讲授时间：				

（四）自主课堂量表

自主课堂是复杂的、多样的、动态的且充斥着丰富的信息。为此，我们将课堂教学的四个要素（学生学习、教师教学、课程性质、课堂文化）视作四个维度，并遵循研究的逻辑，将每个维度分解成5个视角，如表2-5～表2-9所示。

表2-5

维度	视角	观察点举例
学生自主学习	①准备；②倾听；③互动；④自主；⑤达成	如"自主"中的学生可自主支配的时间有多少？有多少人参与？学困生的参与情况如何？
教师教学	①环节；②呈现；③对话；④指导；⑤机智	如"环节"中的这些环节是怎样围绕目标展开的？怎样促进学生学习的？
课程性质	①目标；②内容；③实施；④评价；⑤资源	如"目标"中的目标是根据什么（课程标准／学生／教材）预设的？是否适合该班学生？
课堂文化	①思考；②民主；③创新；④关爱；⑤特质	如"特质"中的整堂课的设计是否有特色（环节安排／教材处理／导入／教学策略／指导／对话）？

表2-6

维度一：学生学习	
视角	观察点举例
准备	课前准备了什么？有多少学生做了准备？怎样准备的？（指导/独立/合作）？学优生、学困生的准备习惯怎样？任务完成得怎样（数量/深度/正确率）？
倾听	有多少学生倾听老师的讲课？倾听多长时间？有多少学生倾听同学的发言？能复述或用自己的话表达同学的发言吗？倾听时，学生有哪些辅助行为（记笔记/查阅/回应）？有多少学生发生这些行为？
互动	有哪些互动/合作行为？有哪些行为直接针对目标的达成？参与提问/回答的人数、时间、对象、过程、结果怎样？参与小组讨论的人数、时间、对象、过程、结果怎样？参与课堂活动（小组/全班）的人数、时间、对象、过程、结果怎样？互动/合作习惯怎样？出现了怎样的情感行为？
自主	自主学习的时间有多少？有多少人参与？学困生的参与情况怎样？自主学习形式（探究/记笔记/阅读/思考/练习）有哪些？各有多少人？自主学习有序吗？学优生、学困生情况怎样？
达成	学生清楚这节课的学习目标吗？多少人清楚？课中有哪些证据（观点/作业/表情/板演/演示）能够证明目标的达成？课后抽测有多少人达成目标？发现了哪些问题？

表2-7

维度二：教师教学	
视角	观察点举例
环节	教学环节怎样构成（依据、逻辑关系、时间分配）的？教学环节是怎样围绕目标展开的？怎样促进学生学习的？有哪些证据（活动/衔接/步骤/创意）证明该教学设计是有特色的？
呈现	讲解效度（清晰、结构、契合主题/简洁/音量/节奏）怎样？有哪些辅助行为？板书呈现了什么？怎样促进学生学习？多媒体呈现了什么？怎样呈现的？是否适当？动作（实验/制作/示范动作）呈现什么了？怎样呈现的？体现了哪些规范？
对话	提问的时机、对象、次数和问题的类型、结构、认知难度怎样？候答时间多少？理答方式、内容怎样？有哪些辅助方式？有哪些话题？话题与学习目标的关系怎样？
指导	怎样指导学生自主学习（读图/读文/作业/活动）？结果怎样？怎样指导学生合作学习（分工/讨论/活动/作业）？结果怎样？怎样指导学生探究学习（实验/课题研究/作业）？结果怎样？
机智	教学设计有哪些调整？结果怎样？如何处理来自学生或情境的突发事件？呈现哪些非言语行为（表情/移动/体态语/沉默）？结果怎样？

表2-8

维度三：课程性质	
视角	观察点举例
目标	预设的教学目标是怎样呈现的？目标陈述体现了哪些规范？目标的根据是什么？（课程标准/学生/教材）结果如何？适合该班学生的水平吗？课堂有无生成新的学习目标？怎样处理新生成的目标？
内容	怎样处理教材的？采用了哪些策略（增/删/换/合/立）？怎样凸显本学科的特点、思想、核心技能以及逻辑关系？容量适合该班学生吗？如何满足不同学生的需求？课堂中生成了哪些内容？怎样处理的？
实施	预设哪些方法（讲授/讨论/活动/探究/活动）？与学习目标适合度如何？怎样体现本学科特点？有没有关注学习方法的指导？创设什么样的情境？结果怎样？
评价	检测学习目标所采用的主要评价方式有哪些？如何获取教/学过程中的评价信息（回答/作业/表情）？如何利用所获得的评价信息（解释/反馈/改进建议）？
资源	预设哪些资源（师生/文本/实物与模型/实验/多媒体）？怎样利用？生成哪些资源（错误/回答/作业/作品）？怎样利用？向学生推荐哪些课外资源？可得到的程度怎样？

表2-9

维度四：课堂文化	
视角	观察点举例
思考	学习目标怎样体现高级认知技能（解释/解决/迁移/综合/评价）？怎样以问题驱动教学？怎样指导学生独立思考？怎样对待学生思考中的错误？学生思考的习惯如何（时间/回答/提问/作业/笔记/人数）如何？课堂/班级规则中有哪些条目体现或支持学生的思考行为？
民主	课堂话语（数量/时间/对象/措辞/插话）是怎样的？怎样处理不同意见？学生课堂参与情况（人数/时间/结构/程度/感受）怎样？师生行为（情境设置/叫答机会/座位安排）怎样？师生/学生间的关系怎样？课堂/班级规则中有哪些条目体现或支持学生的民主行为？
创新	教学设计、情境创设与资源利用怎样体现创新？课堂有哪些奇思妙想？学生如何表达和对待？教师如何激发和保护？ 课堂环境布置（空间安排/座位安排/板报/功能区）怎样体现创新？课堂/班级规则中有哪些条目体现或支持学生的创新行为？

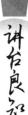

维度四：课堂文化	
视角	观察点举例
关爱	学习目标怎样面向全体学生？怎样关注不同学生的需求？怎样关注特殊学生（学习困难/残障/疾病）的学习需求？课堂话语（数量/时间/对象/措辞/插话）、行为（叫答机会/座位安排）怎样？课堂/班级规则中有哪些条目体现或支持学生的关爱行为？
特质	在哪些方面（环节安排/教材处理/导入/教学策略/学习指导/对话）体现特色？教师体现了哪些优势（语言/学识/技能/思维/敏感性/幽默/机智/情感/表演）？师生/学生关系（对话/话语/行为/结构）体现了哪些特征（平等/和谐/民主）？

第三节　自主课堂要"知"

一、新课程要求

现代社会要求公民具有良好的人文素养和科学素养，具备创新精神、合作意识和开放的视野，具备分析、探究、实践的基本能力。各学科课程标准向学科教学提出了明确的要求，积极倡导自主、合作、探究的学习方式，要求教师开发各种学习资源，在教学中树立全新观点，探究新方法、新模式，大胆改革、优化课堂，形成开放性的课堂，凸显以学生自主学习为主体，促进学生素质的全面发展。

二、理论依据

（1）认知结构理论。认知结构理论强调个体学习所必需的能力。个体认知结构的重组和更新，就是个体学习能力的不断提高。

（2）构建主义学习理论。该理论认为，学习不是知识由教师向学生传递的过程，而是学生构建自己知识的过程。教师的作用实际上只是促进学生自己构建知识而已，这意味着学习是主动的。

（3）主体教育理论。主体教育理论无论是在教育的目的上还是在教育的过程中，都把发挥人的主体性摆在了十分突出的位置。教育者的任务不仅在于传授知识，更为重要的是，要在教育教学过程中充分激发和调动学生的能动性、自主性和创造性，培养学生的探究态度，发展学生的探究能力。

三、概念的界定

所谓导学单，是指用于指导学生每一课时进行学习的助学方案，它是相对于教案而言的。导学单所体现的教学法是以导学单为载体，以导学为方法，以教师的指导为主导，借助多媒体等教学手段，以展示学生的自主学习为主体，师生共同合作完成教学任务的一种导与学的教学模式。这种教学模式一改过去老师单纯地讲、学生被动地听的"满堂灌"的教学模式，充分体现了教师的主导作用和学生的主体作用，使主导作用和主体作用和谐统一，发挥最大效益。在这种模式中，学生根据教师设计的导学单，认真阅读教材，了解教材内容，然后根据导学单要求完成相关内容，学生可以提出自己的观点或见解，师生共同研究学习。这种教学模式一方面满足了学生思维发展的需要；另一方面又能满足学生自我意识发展的需要，对学生的自我发展和自我价值的体现有十分积极的作用。

"1371"课改模式。由学校的3段7步课堂模式演变而来，"一个"载体即师生共用一个导学单；"三段"即每一学段学习师生共同经历三个阶段：自主与合作学习—汇报展示与质疑精讲—训练检测与补救达标；"七步"即三个学段学习中，师生共同完成七个环节：明确任务和方法—自主学习思考—合作交流解疑—汇报展示评比—质疑评价补充—精讲点拨拓展—训练检测补救。最后"一个"是课堂评价。

四、目标

通过研究实验，找到适合师生共同发展的导学单编写的基本模式，改变学生的学习方式，重点培养学生自主学习能力，教与学协调同步，提高学生素质。

（1）通过本课题的研究，导学单为载体，构建新的学生学习方式，充分发挥学生学习的主体性，培养学生的参与意识、问题意识，激发学生学习的自主精神，使学生形成自主学习能力，最终达到教会学生学习的目的。

（2）通过本课题的研究，加强对导学单的编写设计和师生使用方面的研究，逐步形成一套具有我校特色的在培养学生自主学习能力方面有创新的校本课程导学单。

（3）通过本课题的研究，逐步构建并完善符合现代教学、学习策略的学生自主学习型课堂教学模式，即"1371"课堂模式。

（4）通过本课题的研究，进一步增强教师的教科研意识，进一步提高教师教科研的能力，营造教科研的氛围。同时将本课题的研究成果在学校学科集体备课中应用，使学科集备更丰富、更真实的信息来源，提高学科整体教学水平。

五、内容

（一）导学单编写与实施的研究

改变教学模式的核心是构建自主课堂，构建自主课堂的首要任务是设计好导学单，为学生的自主学习、合作探究铺好路，提高其实效性。

（1）导学单编写的要求。

（2）导学单编写的基本原则。

（3）导学单编写的流程。

（4）如何有效使用导学单。

1.“1371”课堂教学模式的优化与实践

（1）“1”是师生课堂共用一个导学单。

导学单重在导学、导思、导练，大幅度提高课堂效率，是实施"先学后教"的有效措施。导学单由八个部分构成：本节课细化后的目标、预设分配任务、重点和难点、为了理解掌握目标突破难点的有利于思考的内容问题链、学习归纳小结、学习反思旁批、达标检测、巩固提高。整个过程都包含学法指导。

（2）“3”是指课堂教学不可缺少的三个学习阶段。

"三段"能很好地体现"先学后教"理念，即生生学习—生生展评—生生达标。三段缺一不可，是一节课不可缺少的必要步骤。

第一，抓好预习。预习是对学和群学的基础，是课堂高效展示的前提，预习应该有充分的时间。

第二，放大展示。总体要求有八项：面全体、重分层、科学分任务、勤质疑、恰点拨、大容量、快节奏、高效率。内容要求：展示问题、展示重点、展示难点。展示的人员要求：A层学生讲思路，B层学生想思路、完步骤，C层学生练模仿、抓基础。

第三，达标检测。选题的原则是"五性"：基础性、典型性、针对性、层次性、精练性。答题时做到"四性"：规范性、准确性、限时性、独立性。要把每一次练习都当作考试来对待。

（3）"7"是指"七步"。

所谓七步是：自主学习（独学）—学生间合作解决问题—展示各组问题解决方案—师生质疑评价、补充、归纳、提升—教师评价、点拨、精讲（对子互评检测）—学生整理导学单—课上和课后分层检测训练，补救达标。

总的要求：逐渐淡化七步，强化流程，预习、展示和分层达标灵活组合，提高实效性。

（4）"1"是指贯穿全课的一种做法，就是激励性评价。

在课堂上采用小组捆绑式赋分评比的方式，教师对课堂上每一个学生学习活动的表现适时进行赋分评比，对表现好的个人，给予小组加分，可以极大地调动学生的学习积极性，提高学生的参与意识、竞争意识，有利于学生学习品质、学习能力、学习成绩的提升。

2. 学生小组合作学习模式

（1）学习小组分组原则。

（2）小组合作学习的基本流程。

（3）小组评价的内容和方法、课题研究的方法。本课题研究主要采用行动研究法、调查法、经验总结法、文献法、个案研究法等方法进行。

3. 编写导学单的基本要求

一是导学单编写必须体现以下四个特点：

（1）问题探究是导学单的关键。

（2）知识整理是导学单的重点。

（3）阅读思考是导学单的特色。

（4）巩固练习是导学单的着力点。

二是导学单编写必须一课一案，导学单不能剪贴化、简单化和习题化，不能以教案定导学单。导学单的着眼点和侧重点在于如何充分调动学生的学习主动性，最大限度地激发学生自主学习的内驱力。导学单是引导学生学习的方案，不是练习题。不能编一些练习题发下去，就误认为是导学单了。

三是充分发挥备课作用。研备：①分配任务，精心设计（周教研会）；②一人主备，众人完善（日研讨会）。独备：①填写答案，亲身体验；②程序标注，拓展设计；③丰富资料，应对突发；④反思旁批，保存资料。

4. 导学单的设计原则

对导学单的设计，要从教材的编排原则和知识系统出发，对教材和教参资料以及自己所教学生的认知能力和认识水平等进行认真的分析研究，合理处理好教材，科学地整合教材，把握好对教材的"翻译"，把教材中深奥的、不易理解的、抽象的知识"翻译"成能读懂、易接受的、通俗的、具体的知识，同时要把知识问题化，问题层次化，层次递进化，递进梯度化，帮助学生更容易、更有效地进行学习，培养学生会思考、会阅读、会总结。导学单能更好地帮助学生去阅读和理解教材，因此编写时绝不能脱离教材。

5. 导学单的构成

导学单通常包括以下内容：导学单题目（主备人、上课时间、主管领导签字等）；学习目标（含重点、难点）；学习内容（设置问题、学法指导）（注：学法指导既可以具体指出，也可以寓于设计的问题之中）；达标检测。检测题设计要求有以下几点。

（1）题型要灵活多样，量要适中，不能太多，以5分钟左右的题量为宜。

（2）每一个学习目标都应设置相对应的练习。

（3）难度适中，既面向全体，又关注差异。可设置一些选做题，促进学优生成长。

（4）紧扣学习目标落实"五性"，即基础性、全面性、针对性、典型性、分层性；旁批（学情预设、分工预设、知识点、关键点、方法总结、规律提升、拓展变式、注意问题、存在问题、课后反思）等（注：除课后反思外，其余旁批均在课前完成）。

6. 导学单的编写流程

导学单的编写要充分发挥学科备课组的集体智慧，经历个备—群备—自备的流程。当周备下周的导学单，先由主备人"个备"，然后返回备课组群议，主备人再根据大家的建议进行修改。

7. 导学单的使用

导学单根据需要可以提前一天下发，让学生明确学习目标和重难点，并自主学习需要预习的内容。

下发"导学单"—独学（独立思考，以疑难问题进行圈、点、勾、画）—对学、群学（课上给5分钟左右，视具体情况而定），小组内交流讨

第二章 课堂良知

论，即组内小展示。教师把需要大展示的问题进行分配任务—小组长细化任务，准备展示内容—各小组在组长的组织下进行展示—组间评价、补充、质疑—教师评价、追加问题或精讲—整理、记忆或交流思路—反馈、检测（各个小组都展示完后进行）。

8. 导学单预习基本要求

预习时间可根据学科课时及学科内容灵活安排，可为半个课时或一个课时。可适当利用放学后时间，主动预习，提高效率。独立思考，主动提出问题。梳理知识、方法与技巧。积极参与交流，充分发表自己的意见，耐心帮助他人，别人发言时要专心听，做好纠错工作。树立预习就是正课、自学就是正课的观念。学生没有预习的课不准上，学生预习不好的课不能上。把学生预习自学成效纳入评课标准。

（二）优化与完善"1371"课堂教学流程

第一步：预习（独学）。

学生独学（利用导学单预习）：学生独立进行思考，阅读教材，查找资料解决一些问题，并对疑难问题进行圈、点、批、注。

教师：关注每一个学生，关注学生的注意力，强调时间意识，到各组巡视指导，保证自学的质量。

第二步：合作（对学群学）学习。

对学、群学（课上给5分钟左右，视具体情况而定），小组内交流讨论，即组内小展示（首先A对学、B对学、C对学，然后A帮B、B帮C）。

教师：主要体现在课上预习。

（1）收集学生讨论最多的问题，也就是大多数学生不会的问题，进一步了解学情，为展示做准备。

（2）把任务分配到各小组。

（3）需要展示的任务为（在上课前在导学单上有预设）教师在学生预习中收集到的问题。

（4）教师预设的重点问题。

教师预设的需要拓展、需要进一步理解强化的问题。

第三步：展示。

（1）各小组长细化任务，准备展示内容。

（2）小组长把展示任务细分到组员，小组进行研讨、拓展、深化。（让小组成员多参与。）

（3）有展示任务的同学到黑板前或板演（注意双色笔的使用，字迹清晰且工整），或交流，或准备实验等。

（4）没有展示任务的同学在座位上看书研究，或识记那些不需要展示的内容。

（5）教师可以把预设的需要重点展示的问题利用课间抄到黑板上。

（6）利用课间，让学生把预设的需要展示的问题抄到黑板上。

（7）调控各组纪律，保证上下齐动，并适时有针对性地辅导。（可辅导准备展示的同学，也可辅导在座位上的同学。）

各小组分别进行展示。

学生：

（1）有展示任务的同学（不能只出一人）到前面候着，分任务进行展示（注意站位、站姿、声音、背板、脱稿），A层负责展示思路，B层展示方法，C层直接展示识记性或答案。

（2）倾听的同学一定要移动到看得见板演、听得见声音的位置认真倾听并细致思考。（为纠错、补充、质疑、评价做准备。）

（3）展示的顺序应是按板面顺时针进行。

（4）认真倾听学生的展示，随时进行评价、指导、追问、点拨等。

（5）关注每一个倾听的同学，及时进行调控，保证全体同学的倾听质量。把看不到黑板的同学快速聚集到适当位置，要形成习惯。

第四步：组间评价、补充、质疑、纠错。

其他小组同学可以提出疑问、纠错、补充或进行评价。如果本组成员回答不了，可让其他组同学回答，教师不能直接回答。

第五步：教师评价、追加问题或精讲（教师对学生模糊的问题要精讲，同时对于课堂问题做好充分预设，包括思路和所要追加的问题）。

第六步：整理、记忆或交流思路。

每组展示后，给1分钟左右时间穿插巩固，主要是对学、群学，相对、相邻两个同学或小组内进行交流。文科主要是整理、记忆；理科主要是整理、交流思路。

第七步：反馈、检测。

识记性的知识，黑板板演检测和口头检测理解性的知识，导学单后设计有梯度的检测题，最后一题是拔高题。

反馈的内容应包括需要展示的和不需要展示的全部内容。

（三）构建了具有我校特色的学生小组合作学习模式

1. 科学划分小组，学习成绩均衡，便于各小组公平竞争

对全班学生按性别、成绩、能力等因素进行均衡组合，按组内异质、组间同质原则分成若干个小组（每组宜为6～8人），每个小组可以起一个有特色的组名，并有本小组的口号，把组名和口号都写到本小组的黑板上，由每个小组推选出两名组织能力强的学生任组长和副组长。

2. 合理排列座位，座位的排列关系到课堂学习效果

成果：我经过不断研究实践，完成了七年级至九年级的所有自主学习单，如表2-10所示。

表2-10

学科	语文	年级	七年级	学期	上	姓名		班级	
课题	从百草园到三味书屋								
学习目标									
1.学习默读，养成一气呵成读完全文的习惯，了解文章的基本内容。 2.品味描写"百草园"的语段，通过抓住关键词句，体会童年生活的美好。									
学习任务									
1.收集资料，了解鲁迅及《朝花夕拾》的相关信息。 2.读准、写会课后"读读写写"中的字词。【单元起始活动】 今夏六月，同学们参加了各种形式的"毕业典礼"，如今升入中学，回望小学，你一定有很多难忘的人和事…… 本单元中选择了中外名家写"学习生活"的几篇文章，为了激发同学们的学习兴趣，与同学们的生活相联系，年级美篇小编面向全年级同学开展朋友圈发圈集赞活动。 活动要求： 1.在你的朋友圈中发两组照片，并配以文字。一组是回忆你的旧日同窗或师长，表达你对告别小学生活的感悟；另一组是反映你现在的中学生活，表达你对未来的畅想和展望。 2.需要将你朋友圈里的点赞数和评论截图，获赞和评论最多的同学将被评选为"发圈小达人"。 3.获奖作品晋级到年级公众号的评选决赛中，参与年级评奖活动。									

【学习任务一】默读全文，复述全文主要内容。

默读

要求：①不出声、不动唇，尽量做到不指读、不回读，养成一气呵成读完全文的习惯。②全文共计2473个字，请同学们在默读时计时，在7分钟之内读完。

复述

要求：①复述内容中包括谁、在哪儿、做了什么、有什么感受。②字数要求，50字以内。

【学习任务二】

1.朗读描写百草园的段落，说说百草园是个怎样的园子。

这是一个_____的百草园。

2.把作者笔下的景物和趣事用儿童的视角重新分类：

对作者笔下的事、物分类

好看的　　　　　　　　　　　　　好听的

好吃的　　　　　　　　　　　　　好玩的

3.作者用"不必说……也不必说……单是……就有……"句式把这些事物串联在一起。你觉得作者重点写的是"不必说……也不必说……"还是"单是……"呢？

4.童年鲁迅眼中的百草园是"乐园"，"乐园"之"乐"表现在哪些方面？

学习后分享（学习感悟、回顾自主学习过程，提炼方法、困惑、建议）

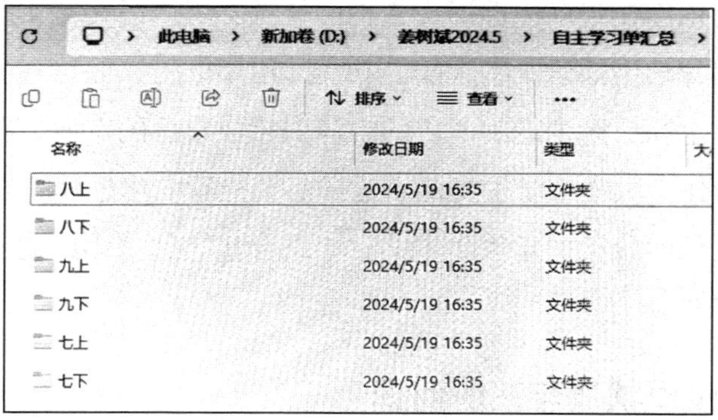

图2-2

第二章　课堂良知

第四节 自主课堂要"行"

一、背景

随着课改深入推进，"学生是学习的主体，学生是课堂的主人"等一些观点逐渐被我们接受并变得毋庸置疑。那么，作为"主人"的学生怎样才能发挥课堂上的主体地位？将落地实施的一些工具告诉学生，让他们借助这些工具"捍卫"他们的主体地位，改变他们的学习方式，重构新型的师生关系。

自主课堂就是一种新型的学习方式，让学生真正成为学习的主人。自主课堂的灵魂就是小组合作学习，而小组合作学习和小组建设的好坏，决定着课堂效果的好坏。因此，怎样正确划分小组，怎样让小组具有凝聚力和向心力，也就是说，怎样进行小组的建立、建设及怎样对学生进行持续的培训就成了重中之重。

语文课程标准在正确把握语文教育的特点上强调语文是实践性很强的课程，应着重培养学生的语文实践能力和实际运用能力，而培养这种能力就需要学生在课堂上积极地把老师所讲的内容内化成自己的东西，并能运用于实践中。小组合作学习就给学生提供了这样一个检验内化过程的方式方法。

因此，我们学校把课堂教学中的"小组合作"的"小组建设"提出来作为一个研究课题。

二、本校现状及存在的问题

本校2011级学生在经过三年的小组自主学习后，敢于上台发表自己的看法，可以运用所学知识，在课文内容中找到自己理解的点来和同学分享。课堂已经真正成为学生的主阵地，教师则成了倾听者、补充者。而对于农村学生来说，这是很可观的一大跳跃。

三、自主学习中的小组建设

（一）目标

依据学校发展的需要，立足教研，聚焦课堂，进行课题研究，切实解决语文课堂教学中出现的新问题、新情况，全面提升教学质量。具体目标有以下几点：

（1）提高任课教师组织实施课堂教学的能力，使教师掌握在语文课堂教学中进行小组合作学习的基本策略，从而提高语文课堂教学效率，使教学更有效。

（2）通过对课题的研究，转变学生学习方式，使学生通过合作学习，建立学习小组，互帮互学，取长补短，以达到面向全体，全面提高的教育目的。

（3）通过对课题的深入研究，带动广大教师逐步走进新课程，在课堂上真正把新课程标准落到实处。

（二）内容

自主学习中的"小组建设"。

（三）对象

本班全体学生。

（四）原则

语文课程标准提出：积极倡导自主、合作、探究的学习方式。

学生就是学习与发展的主体。语文课程必须根据学生身心发展与语文学习的特点，关注学生的个体差异与不同的学习需求，爱护学生的好奇心、求知欲，充分激发学生的主动意识与进取精神，倡导自主、合作、探究的学习方式。

1. 课堂变了

课堂教学焕发出勃勃生机。老师讲、学生听，老师念、学生记，老师问、学生答，老师考、学生背的教学方式在我们学校基本不见了。语文课堂上教师能使用最佳的教学艺术，采用灵活多样的方法，创造引人入胜的教学情境，积极营造平等、民主、和谐、轻松的课堂气氛，减轻学生学习上的负

担，使学习成为一种乐趣，使学生的自主性得以发挥，最大限度地激活学生潜在的学习欲望，使学生主动参与到学习活动中。学生成了学习的主人，大多数学生能主动思考、主动质疑了。

2. 教师变了

自主课堂促使教师学习现代教育理论，我通过组织教师学习相关材料、理论专著，积极参加各种专题讲座，把教师的理性和感性认识集中到小组合作学习课堂教学上。广大教师的教育思想转变明显，教育观念更新了，业务素质提高了，科研意识增强了，"科研兴校"的观念与氛围已逐步在学校形成。课内：教师能对学生积极自主的合作学习给予充分肯定，为学生今后解决类似或相关问题指路，让学生牢记学习方法，养成小组合作学习的习惯。课外：教师能有意识地引导学生到图书馆、阅览室，到社会生活中去探究学习，给学生更多读书、动脑、动手、实践的机会，培养出有思维、有能力的创造型人才。

3. 学生变了

（1）小组合作学习有效地促进学生的表达与交流，使每个学生都学会发表个人见解。学习优秀的学生养成了敢于质疑的习惯；学习中等的学生、性格内向的学生不再附和别人的意见，也不再"随大溜"了，而是敢于提出与众不同的观点；学困生有时发言出乎大家的意料，比谁说得都要好。当我们看到学生在课堂上争先恐后、不甘示弱地表达、交流时，当我们听着学生那充满童真却不乏机智的回答时，我们被他们感染着。

（2）拉近了心理距离，学生乐于学习了。传统的教学活动压抑了学生个性的自由发展，给学生一种"距离感"，这种"距离感"压抑了学生学习的积极性，禁锢了学生自主探究的创造性思维。我们在研究中从学生年龄特点及心理需要出发，建立民主、平等的师生关系，通过良好的体验情境以及适时的激励，缩短了师生间、学生间的心理距离。在课堂教学中，有温暖和谐的氛围，因此学生在思维上是紧张的，但在情绪上却是放松的，心理上有安全感，不再感到压抑。师生共同探讨解决问题的方法，好的学法受到大家的鼓励，不全面有效的学法也不会受到嘲笑和指责，师生在相互交流中互相学习、进步。学生能轻轻松松表现自己的才能，树立了自信心，激发了自主参与课堂学习的积极情绪，融洽了师生关系。

（3）学生掌握了学习方法。在研究过程中，我们结合课堂教学，渗透学法指导，使学生学会自主、合作学习，取得了较大成效。首先，学生能从课内预习到课外预习，从扶到放，使大部分学生学会了预习的基本方法，如查阅工具书、质疑、查阅课外阅读资料等，特别是高年级的学生，已养成了良好的预习习惯。其次，学生具有了一定的质疑水平，懂得了质疑的一般方法（如对课题的质疑、对重点字词的质疑、对课文的空白点质疑等），训练了思维。最后，学生提高了语言表达能力，学生敢说、愿意说，从而提高了教学效果。

（五）形成模式，运用教学

我先后采用问卷、谈话、观察等方法进行调查，并广泛总结我校语文教师以及学生先进的教学经验和学习经验。在反复论证的基础上，课题组成员集思广益、群策群力，最后总结出小学语文课堂小组合作学习较为实用的课堂教学模式，我们称之为"三步骤六环节"教学模式。

这种新模式具有三个步骤：预习、展示、反馈。

1. 预习

预习的主要任务：①确立学习目标；②明确重难点；③初步达成学习目标。

预习的主要形式：①小组内学生自学、互学、讨论；②教师指导点拨。

2. 展示

展示的主要任务：①展示交流预习初步成果；②巩固深化学习目标；③共享学习成果。

展示的主要形式：①教师引导、点拨；②学生板演、讲解。

3. 反馈

反馈的主要任务：①对教学内容进行反思和总结；②对预设的学习目标进行回归性检测；③对学困生进行查漏补缺；④对优秀生进行知识拓展。

反馈的主要形式：①课堂练习；②习题测试；③辅导答疑；④互学互教。

这种新模式具有六个教学环节：①创设教学情境；②出示学习目标；③自主学习；④检测自学效果；⑤精讲点拨；⑥巩固训练提高。

（六）有效策略，支撑教学

（1）教师不断更新教育理念，为小组合作学习提供了强大的理论保障。

（2）合作学习的小组成员在组合与分配上体现了层次性、差异性和互补性。

（3）合作学习的内容体现了多样性和确定性。

（4）在课堂教学中教师注意独立学习和合作学习相结合。

（5）师生及时对合作学习过程进行反思、总结。

（6）通过合作学习，很好地培养了学生合作学习的能力和团结协作的意识。

四、问题反思

合作学习的有效性策略研究对发展学生的智能素质、科学文化素质，特别是发展学生的注意、观察、思维、想象、分析、记忆、综合能力优势明显，对发展学生的非智力因素也产生了良好的效果。

自主课堂发现：每个学生都有学习能力，合作学习能够提升学生的学习能力，合作学习的能力能够在训练中提升。

自主课堂成就在于：学生的合作学习能力增强了，学生的合作意识增强了，学生的团队精神增强了，学生的综合素质提高了。

（一）教育观念的突破

（1）绝大部分师生能够科学理解合作学习的基本内涵。

（2）改变了以教师为中心的传统教育模式，真正树立了以学生为主体、教师为主导的现代教育思想，学生从被动接受知识转变为主动探求知识，在获得学科知识的同时，提高了综合素养。

（二）学习方式的突破

（1）激发了学生的学习兴趣。

学生的学习热情高涨，听课的认真程度、讨论问题的参与度大幅度提高。就连学习成绩较差、学习习惯不好的学生上课也能积极参与，较简单的问题他们也能积极发言，学习成绩慢慢提高。

（2）提高了学生的语言表达能力、想象能力和表演能力等各方面能力。

叶圣陶先生讲："教师之为教，不在全盘授予，而在相机诱导；必令学生运其才智，勤其学习，领悟之源广开，记熟之功弥深，乃为善教者也。"教学过程中学生既是教的客体，又是学的主体，我们充分发挥了学生的主体性，使学生真正成为学习的主人，达到人人参与，人人能体验成功的快乐，从而变得乐学、善学，使每名学生各方面能力都得到不同程度的发展与提高。

（3）培养了学生的合作意识。

21世纪，竞争与合作并存。积极的合作意识和有效的人际交往能力是21世纪人才必备的基本素质，而我们的学生独生子女较多，他们在家长的精心呵护下长大，养成了"唯我独尊"的习惯，不懂得也不愿与他人合作。小组合作是语文综合性学习活动常常使用的行之有效的活动形式之一，学生为了完成一个有趣的语文活动，常常需要在一起研究与实践，他们在与同伴分工合作的过程中，逐渐懂得了合作的重要性，并由此主动去学习、掌握与人沟通、交流、合作的技巧。

（4）培养了学生的问题意识。

"学而不思则罔。"人贵有疑，没有发问的精神就没有发展与创新的潜能。在小组合作学习中，学生对别人的观点并非一味地盲从，而是在讨论中敢于质疑。从文本到文人，从知识到能力，学生的发问多起来，对有些问题的探究直接促进了知识的积累和能力的培养。

合作学习已真正变为科学意义上的有效的学习方式，在小组的构成、组员的分工以及合作过程的设计等方面，课题组都有了全方位的、科学的认识与改变，给实验班师生提供了科学、系统、有效的合作学习方式。

小组合作学习的多样性和开放性有待商榷：活动方式过于单一。由于长期从事一线教学工作，有些教师所带科目暂时不固定，对很多问题的研究还不够深入，只停留在表面，所以要常常汲取理论营养来滋养自己，以便走向更高、更远处。

另外，一些教师对自主课堂的作用领会不深，进行研究的主动性不强。

我今后的实践将巩固成果，正视问题，深入研究，积极创新，一切都着眼于学生、教师、学校的发展，力争把我校的小组合作学习课堂教学水平提升到更高的层次。

第二章 课堂良知

五、小结

我的课堂教学由原来"满堂灌"的教学模式转变为"自主学习、合作探究"的教学模式，让合作学习走进了课堂，充分发挥了小组合作学习的优势，优化了语文课堂教学。

以"自主学习能力培养"为平台的教学策略，有效地拓展了学生的思维空间，增加了学生的创造力和创新意识，使他们的感官被刺激、调动，始终处于一种积极、开放的思维状态，学生具有的创造潜能在这里将得到充分展示。学生的学习效果提高非常明显，学生的综合素质得到全面提高。

小组建设：人员确定→小组文化建设→责任分工（人人有事干，事事有人干）。

图2-3

第五节　自主课堂要"灵动"

在教学中，有一个不可回避的问题，那就是学习成绩的差异，初中教学也不例外。在初中阶段，由于学生水平与学习能力的差异，学习难度的提高，学生学习成绩两极分化十分严重。在传统教学中，大多数教师一般不注意因材施教，在教学过程中往往比较重视学习成绩中等或中等以上的大部分学生，忽视学习能力较强或者学习能力比较差的学生，导致优秀的学生"吃不饱"，而学习能力相对较差的学生"吃不了"的情况，严重影响了学生全面素质的提高。

课程标准要求：面向全体学生，注重素质教育；整体设计目标，体现灵活开放；突出学生整体，尊重个别差异；采用活动途径，倡导体验参与；注重过程评价，促进学生发展。而随着素质教育的进一步深入，社会、学生家长对学校、学生的要求越来越高，因此，如何全面地丰富学生的知识，提高学生的语文能力便被提到我们语文教师的工作日程上。而实施分层教学，便是解决这一问题的有效途径之一。

一、自主课堂分层的理论基础及实践依据

（一）基本理念

分层教学就是教师根据学生现有的知识、能力水平和潜力倾向把学生科学地分成几个各自水平相近的群体并区别教学，这些群体在教师恰当的分层策略和相互作用中得到了很好的发展和提高。在我国，分层递进教学改革是20世纪90年代在上海率先提出实验的，近年来，分层递进教学法受到越来越多的人关注和重视。

第二章　课堂良知

（二）理论基础

分层教学的理论依据可以追溯到孔子提出的因材施教，它是在班级授课制下按学生实际学习程度施教的一种重要手段。

1. 分层教学的心理学依据

著名心理学家克鲁捷茨基的研究实验表明，学生的学习能力存在明显差异。由于学生先天的遗传素质及环境教育条件的不同，学生的学习活动表现出明显的差异性。不同的学生完成同一教学活动的能力有差异，同一学生在不同类型的教学活动中所表现的能力也存在差异。

2. 布卢姆的掌握学习理论

布卢姆认为，教学中应克服学生成绩呈正态分布曲线的偏见，即认为优、中、差学生各占班级学生人数的三分之一，甚至认为优等生只能是少数，多数是中等生和后进生。他认为这种固定化的预想，是最浪费、最有破坏性的观念。它不仅遏制了教师为提高学生学业成绩所作的努力与创造精神，还极大地挫伤了学生的学习积极性，容易导致教师将主要精力放在尖子生身上而不去关注后进生的现象。布卢姆还认为，学生在学习能力和学习速度上有一定差异，但是，我们如果提供适当的学习条件，特别是能为中等生和后进生提供更多的学习条件，90%以上学生的学习效果会变得十分相似。布卢姆的理论使我们认识到绝大多数学生的学习没有学得会与学不会的区别，只有学得比较快和学得比较慢的区别。只要有充足的学习条件和学习时间，加上科学的指导，90%以上的学生都能理解和掌握应学会的知识。

3. 多元智能理论

多元智能理论认为，人类的智能是多元化而非单一的。在教学方法上，多元智能理论强调应该根据每个学生的智能优势和智能弱势选择最适合学生个体的教学方法，即考虑个体差异，因材施教，分层教学。在教学中，根据学生的差异，运用多样化的教学模式，促进学生潜能的开发。教师要采用多种方式和手段来教学，实现为多元智能而教的目的，改进教学的形式和环节，努力培养学生的多种智能。在教学形式上重视小组合作学习和讨论，以利于人际智能的培养。在教学环节上重视最后的反思环节，培养学生的内省智能。力争使课堂教学丰富多彩，课堂互动形式多样，使学生的主体地位更加明显。

（三）概念界定

对分层教学的概念有多种界定，有教学策略说、教学方法说、教学组织形式说和教学模式说。

分层教学就是一种教学策略。胡善通、杨森宇在《分层递进　提高学生素质》中认为，分层教学就是根据学生的差异性，制定不同的学习目标，分层实施教学，使每个学生都能得到最好发展的课堂教学策略。

分层教学就是一种教学方法。有人认为，分层教学是先把班级学生进行分类，再根据分类情况实施教学，使学生积累知识、提高能力的一种教育教学方法。

分层教学就是一种教学组织形式。何明在《多层次教学组织模式的研究与实践》中认为，分层教学就是教师根据学生客观存在的差异，采用不同方法，有针对性地组织教学，使每个学生发展最优化的教学组织模式。

分层教学就是一种教学模式。谢家海在《分层次教学模式的实践及探讨》中认为，分层教学是在课堂上，根据学生实际情况，最大限度地体现因材施教的一种教学模式。

综上所述，四种解读都强调了"学生差异性"这个特点，都突出了"分层施教"这个中心，都践行了"因材施教"的教学理念。只是在概念大小和内涵阐释上，有微小的区别。本课题研究的是分层教学模式。此模式在不打破原有行政教学班的情况下，在教学过程中，将学生分层，目标分层，分层施教，分层评价，从而达到使全体学生良好个性潜能充分发展的目标。

（四）实践依据

（1）国内推进素质教育的成功案例。

（2）在平日的教学实践中，所有成员不断摸索改进自己的教学模式。

（五）价值

（1）诠释因材施教。说到底，如同新一轮课程改革是吸取精华理念，突出终极关怀一样，分层教学不是一味猎奇"出彩"，而是彰显教育素质，弘扬优秀传统，赋予教育新的内容，增大教育功效。我国历史悠久，两千多年前就诞生了因材施教的教育思想与实践，这在人类教育思想宝库中自有举足轻重的地位与影响，至今仍熠熠生辉。举凡有意义、有价值、有生命的真知灼见，都需要在实践中不断发展完善。时至今日，如何在推进课改的课堂教学中进行因材施教，分层教学无疑是尝试、是探索、是进取、是创新。

（2）丰富教学策略。凡有一定教学实践者都说：教学工作是一种操作过程，更注重教学效率，其中不同的教学策略优劣自见，有效且高效的教学策略是患少不患多。目前，学校的教学工作大都是以班级授课制的形式进行，而分层教学又需要远离"一锅煮"，摒弃"一揽子"，执教者如果沿用早先的那套教学策略，显然是不相称、不适应、不对路的。因此，围绕分层教学这个命题，需要不断丰富教学策略。实际上，丰富教学策略的过程，恰恰是探求教学规律的过程，也是坚持进取提高的过程，更是完成自我超越的过程。

（3）创新教学模式。教学中出现的任何一种模式，之所以能够存在，其实质就在于它最早诞生时具有突破旧格局、显示新意义的作用。也就是说，模式既可以模仿，又允许突破，更呼唤创新。课堂模式也是这样：只要有利于促进学生发展，有利于提高课堂效率，有利于完善健全人格，所有模式应该是百花齐放的。

（4）提高教学质量。分层教学的出发点是从学生实际考虑，着力点是采取针对措施，闪光点是教与学和谐"匹配"，这无疑会极大地提高教学质量。实际上，教学质量是所有教学活动的归宿，任何违背教育教学规律的"瞎折腾"，其付出和收获都是不相匹配的。究其实质，正是忽略了教学活动的主体是学生。从某种意义上讲，分层教学强调的是"以学论教"，主张"因材施教"，这就抓住了教学活动的"牛鼻子"。既然一切围绕学生、为了学生，那么夺取教学质量的"制高点"就会在稳扎稳打的分层教学中稳操胜券。

（5）推进课程改革。党中央、国务院审时度势，在基础教育领域启动的新一轮课程改革，涉及新课程体系、课程设置、课程评价、课程内容等方方面面，其核心理念是以人为本。有关课改专家、学者众口一词：衡量课改成败的关键，就是教师的教学行为和学生的学习方式发生根本改变。重视这些"变化"，集中表现在课堂教学。分层教学的显著特征就是打破陈旧的课堂模式，坚持以学生的进步与发展为本，并且在全新的课堂形态中，促进教师教学行为和学生学习方式的根本变化。由此可见，分层教学不仅称得上是推进课改的"抓手"，还是深化课改的"载体"。

二、分层的设计

（一）目标

1. 整体性目标

坚持面向全体学生，统一要求和因材施教相结合，处理好个性与共性的关系，知识、教育和发展的关系，智力因素和非智力因素的关系，制定最大限度地趋近于学生现有学习可能性的课程分层标准，合理安排整个教学过程、合理利用各种因素，使每个学生在文化修养、职业素质、可持续发展三个方面达到最高可能的水平。

2. 个性化目标

教学既要面向全体学生提出统一要求，又要兼顾学生的个体差异，根据学生不同的学习起点，提出不同的要求。经常详细诊断学生的学习情况，根据其学习结果设计个别指导的内容和程度，保证每一名学生都能获得最优的学习效果，使其才能和特长都得到充分发展。

3. 发展性目标

分层教学应使学生认知发展的潜在可能性转化为发展的现实，使学生的知识、能力得到发展。教师要动态地调节教学要求，提高学生学习的适应性，在改进教学的同时，指导学生如何改进学习，使其学习水平不断循环上升。

4. 教学最优化目标

教师要立足现有资源和条件，通过对教学系统的分析与综合，对最优教学方案的设计、选择和安排，争取在现有条件下以最少的时间与精力消耗去获得最大限度的教学成果。

（二）内容

（1）如何搞好对学生的分层和分组才能达到最佳教学效果。

（2）如何针对不同的学生拟定不同的教学目标。

（3）备课如何分层。

（4）教师的授课如何分层。

（5）课堂练习的设置如何分层。

（6）作业布置如何分层。

（7）教学评价如何分层。

（8）进行分层教学教学模式的探索与研究。

（三）对象

任教班级全体学生。

（四）方法

1. 实验法

采取实验班与对照班的对比研究。

2. 文献法

通过查阅有关文献，收集现有分层教学模式的有关资料，了解目前各地关于自主课堂课题的研究成果、研究动态、发展历史和现状。

3. 分析法

通过调查分析学生学习的现状、学习结果，总结取得的成功和失败的地方，为下一阶段课题的开展提供信息和方法。

（五）原则

1. 因材施教原则

分层教学是把个性指标和成绩相近的学生分在同一层次，把教学目标分层次融入教学内容的安排、作业练习的布置、思想情感的教育和学习方法指导的一种教学组织模式。关键是要因材施教，最大限度地发掘学生潜在的创新精神和实践能力，保障学生受到最好教育的方法。

2. 目标恒定原则

分层教学的基本前提是在总体培养目标不变的情况下，调查了解不同学生的具体情况，通过分层教学，使表现在学生身上的好与差、快与慢等学习特征有效改变，有利于学生的身心健康，达到让学生生动活泼地学习、主动和谐地发展的目的，促进教学质量的提高。

3. 共同进步原则

实施分层教学旨在以个性化的教学活动实现全体学生最大限度地共同进步，坚持"分层是手段，进步是目的"的教育思想。新课程教学理念认为，教师是课堂教学的设计者、教学活动的领导者、教学过程的组织者、教学效果的检测者，既要使教师善于"教"，还要使学生善于"学"。

（六）步骤

1. 学生分层

首先各班给学生讲清道理，说明分层次的重要性和必要性，并对个别学生做好单独的思想工作，其次根据我们所掌握的情况结合学生报名，把全班学生分为三个层次：C层次，基础知识相对较差的学生；A层次，智力因素较好，基础知识和基本技能掌握较好的优秀学生；B层次是其余的属中游的学生。向学生说明，分组不是固定不变的，而是按课堂表现、作业完成情况和单元过关检测成绩定期调整，引入竞争机制，使每个学生都能舒心乐意地到相应的层次里。具体做法如下：

（1）对A层次学生着重培养创造能力，侧重进行创造性思维训练，引导他们将所学的知识加深加宽，尽量做到"海阔凭鱼跃，天高任鸟飞"。

（2）对B层次学生着重调动他们学习的主动性和积极性，激发他们学习的兴趣，鼓励他们往A层次方向努力，防止变成C层次学生。在课堂上多给他们提供表现的机会，设计难度中等的问题让他们回答，指导他们学习的科学方法，树立学习的信心。

（3）对C层次学生则应注重培养学生学习的自觉性，提高班级成绩的及格率。对基础知识较薄弱的学生，教师应及时辅导帮助，补好基础；对于没有养成专心听课和认真做作业的习惯、学习自我约束力差的学生，教师应着重培养他们必要的心理品质和学习习惯；对于智力发育相对滞后的学生，教师讲新课时开始要慢一些，多运用直观形象的教学方法。

2. 把握好课堂教学的层次和课堂教学的环节

分层次教学，对课堂提出了更高的要求，也对教师提出了更高的要求，我们经常共同学习、共同研究、互相交流，以把握好课堂教学的几个重要环节。

（1）备课分层。备课不仅要备教材，还要备学生。

（2）课堂教学分层。课堂教学是语文教学的主渠道，分层教学主要体现在课堂上，分层教学是把传统大一统、单向灌输的做法变成多向、立体的群体信息交流。

（3）布置、批改作业分层。布置作业时，A层次学生除要求完成必做题外，还可要求完成难度较大的选做题，B、C层次学生除完成必做题外，还可适当增加他们的作业量，通过强化训练来扎实基础。批作业时，对A层次学生要求"求全责备"，即使有细微的差错也要指出来。

（4）辅导、考查进行分层。对A层次学生进行提高性的辅导，鼓励他们参加一些竞赛活动，力促其成长，鼓励冒尖；对B层次学生进行辅导，尽量提高优秀率；对C层次学生进行补课性辅导，以提高及格率。

3. 研究课后作业批改和辅导

作业批改可采取多种形式。例如，由A层次学生批改C层次学生作业，B层次学生互改；教师批改；教师讲评，学生自改；同桌讨论后互相批改；等等。但我们首先仍以教师批改为主，及时了解全体学生的学习情况，并对部分学生给予及时的课后辅导（主要是A层次学生），采用教师定时授课的形式和学生自己钻研、互相探讨、教师辅导相结合，使A层次学生能力大幅度提高，以适应各种竞赛的要求。同时，积极开展竞赛等形式的活动，提高学生学习兴趣，给A层次学生以展示自身能力的机会。

4. 研究考核、评价的层次

分层次教学是使所有学生通过教学都有所学、有所得，逐步向各自的最近发展区递进，从而提高班级学生的整体水平，但整体水平提高后，并非不存在低层次的学生，只不过此时的低层次学生比原来少了。分层次教学就是在这种螺旋式递进中不断提高和发展的学生水平。但一个班内学生的层次始终是存在的。为了更好地发挥分层互促作用，在考核和评价中，我们有时也采取分层，使低层次的学生也能享受到"高分"的快乐，同时可以避免高层次学生的骄傲情绪。

三、实施过程

（一）主要策略

（1）学生分层策略。

（2）分层备课策略。

① 教学目标分层策略。

② 教学方法分层策略。

（3）练习作业分层策略。

（4）考核评估分层策略。

（5）学习辅导分层策略。

（二）主要方法

1. 学生分层

根据课程标准，再把学生分成A、B、C三层，其中C层次为各方面能力较差，学习上困难大，或能力一般但又消极厌学的学生，约占20%；B层次为各方面情况中等的学生，约占60%；A层次为智力和非智力因素都较好的学生，约占20%。

2. 备课分层

在学生分层的基础上，根据新课标和教材的要求，以及各层次学生的水平，对各层次的学生制定不同的教学目标。C层次学生要求掌握课本的基础知识，学会基本方法；B层次学生要求熟练掌握基础知识，并能灵活运用知识解决问题；A层次学生要求在B层次的基础上，培养创新意识和良好的学科素质。

3. 授课分层

荷兰数学教育家弗赖登塔尔说：教师的作用就是使每一个学生达到尽可能高的水平。因此，我们在课堂教学中应采用低起点、缓坡度、多层次、立体化的弹性教学。为了鼓励全体学生都能参与课堂活动，使课堂充满生机，教师应将有思维难度的问题让A层次学生回答，简单的问题优待C层次学生，适中的问题回答的机会让给B层次学生，这样，每个层次的学生均等参与课堂活动，便于激活课堂。学生回答问题有困难时，教师再给他们以适当的引导。对B、C层次的学生要深入了解他们存在的问题和困难，帮助他们解答疑难问题，激发他们主动学习的精神，让他们始终保持强烈的求知欲。对于A层次的学生，在教学中注意启发学生思考探索，领悟基础知识、基本方法，并归纳出一般的规律与结论，再引导学生变更问题，帮助学生进行变式探求。对A层次学生以"放"为主，"放"中有"扶"。突出教师的导，贵在指导，重在转化，妙在开窍。培养学生的独立思考和自学能力，进而向创新精神和创造能力发展。

4. 作业分层

作业能及时反馈不同层次学生所掌握知识的情况，既能反映一堂课的教学效果，又能达到初步巩固知识的目的。因此，作业应该多层次设计，针

对不同层次的学生，设计不同题量、不同难度的作业，以供不同层次的学生选择，题型应由易到难形成阶梯。C层次学生做基础性作业；B层次学生以基础性为主，同时配有少量略有提高的题目；A层次学生做基础作业和有一定灵活性、综合性的题目，使得作业的量和难度使每个学生都能"跳一跳，摘到桃"，从而调动各层次学生的学习积极性。在作业批改上，对C层次学生尽可能面改，发现问题及时订正，集中的问题可利用放学后的时间组织讲评，反复训练，让学生真正掌握；对A、B层次学生的作业可以采取抽查、互改等方式处理。

5. 评价分层

分层评价是实施分层教学的保证，我们不可能用同一把"尺"量尽世界上的万物，也不能用同样的要求、标准去衡量每一个学生。要充分发挥评价的导向功能和激励功能，对不同的学生采用不同的评价标准和评价方法：对C层次学生采用表扬性评价，寻找其闪光点，及时肯定他们的每一点进步，唤起他们对学习的兴趣，培养他们的自信心；对B层次学生采取激励性评价，既揭示不足又指明努力方向，促使他们积极向上；对A层次学生采用竞争性评价，坚持高标准、严要求，促使他们更加严谨、谦虚，不断超越自己。

总之，通过对课堂、考试、过程、教育、综合等评价，充分调动各层次学生的情感、意志、兴趣、爱好等多方面积极因素，促进其智商和情商协调发展，全面提高教育教学质量，全面落实立德树人。

四、主要成果

（一）教学内容分层安排

教育部颁布的课程标准中提出：要让不同的人得到不同的发展。这一理念的提出，是建立在人的个体差异之上的。可以让有差异的学生，即不同层次的学生学习不同的学习内容，这是在实际教学中完全可以实现的一种行之有效的具体措施。因此，在教学中，要根据课程标准和教材，针对学生层次，结合本班学生实际，将教材内容按其重要性及难易程度划分为若干层次：所有学生都能达到的"基本层次"，多数学生经努力后可以达到的"中等层次"，少数学有余力的学生可以达到的"较高层次"。对C层次学生适当降低教学起点，要求学会最基本、最主要的知识，掌握基本学习方法，会做基础题，发展基本能力；对B层次学生要求在熟悉熟练上下功夫，发展综合能力，逐步转变为A层次学生。对A层次学生要求深刻理解，熟练掌握和灵活运用知识，启迪思维，培养创造能力，发展个性特长。同时，注意对A层次学生设计一些灵活和难度较大的问题；对于C层次学生关键培养学生的兴趣，使其树立起学习的信心，因此设计的问题要简单，坡度要小，让他们有成就感，从畏惧厌烦学习转到愿意学习上来。启发释疑是分层施教的主要方法和途径。因此，在课堂教学时，注意分层设问激疑，注意对不同层次的学生提出不同层次的问题，让学生都有发问、回答问题的均等机会。

（二）教学目标分层制定

学习目标是学生学习的出发点和落脚点，所以，要在教学中，根据教学内容和学生的个体差异，制定不同层次的学习目标，上不封顶，下要保底，并做到在保底的前提下，让不同层次的学生达到不同的水平。在具体实施上，我做到给学生以自由。也就是由学生自行决定自己的目标，不强制学生按教师的预定目标进行学习，并且学生可要求教师按不同目标要求给予检测，给学生创造追求最高目标的权力，使学生始终保持旺盛的学习热情。

（三）教学方法分类指导

在课堂教学中，应根据具体情况，分层适时有效地进行分类指导。对A层次学生，以"放"为主，多给学生自主学习的时间和空间，"放"中有"扶"，"扶"在引导深化理解和深入探究上。对B层次学生，实施半"扶"半"放"的策略，在适当点拨之后，放手让学生主动学习，自主发展，或先让学生独立看书、思考、探究，在遇到困难时，适时予以指导。同时注意既尊重学生的个性差异，给每个学生创新的空间，使每个学生的特长得到发挥，个性得到张扬，又注意做到允许学生自己选择学习的策略，上课时，尽量做到通过自己独立思考掌握知识。对C层次学生，以"扶"为主，"扶"在引导深化理解知识和指导归纳学习方法上。

（四）练习作业分层设计

在课堂教学中，对学生的练习进行分层，进行弹性处理，提供更多的选择空间，有助于提升学生的学习兴趣和学习效果。练习的弹性处理，即要在练习的设计上，精心设计必做题和选做题。必做题面向全体学生，重在巩固基本知识，培养初步的应用能力，达到学习的最基本要求；选做题面向C层次和B层次的部分学生，重在发展智力和拓展思维，培养创新能力。因此，在教学中，我对各个层次的学生的作业分别进行布置，对A层次学生，我设计一些基本题让他们完成，并让他们探索思考拓展题；对C层次学生，诊断他们学习本课中的疑难，采取有效方法补救，让他们完成基础题；对B层次学生，要求他们自我复习巩固，完成基础题和提高题。

（五）考核评估分层激励

在实施了分层教学以后，对学生的反馈评价，也应进行分层实施。在进行考核时，可将考核分为单元关检测和阶段性检测，并依照各层次学生的教学目标命题。每份题都包括基础题、提高题、拓展题三大类：基础题面向全体学生，全体学生必做；提高题C层次学生选做，A层次和B层次学生必做；拓展题B层次学生选做，A层次学生必做。考核后，对已达标学生提出巩固性或拓展性的目标，对未达标学生，通过补课、个别辅导、建立互帮互助小组进行"矫正帮助"，以确保各类学生都达到预定的阶段目标。

（六）学习辅导分层实施

分层辅导是分层教学的重要辅助环节，其目的是查漏补缺，同时要做好对后进生的帮助工作。因此，要从端正学习态度、明确学习目的、培养后进学生学习兴趣入手，对后进生耐心辅导，让他们完成力所能及的作业，体会到付出努力后获得成功的喜悦，逐步恢复自信心，以"我也能行"的心态逐步摆脱潜意识中"失败者"的形象，激发学习积极性，培养良好的意志品质，逐步克服学习过程中遇到的困难，形成学习自觉性，让学生的潜能得到充分发挥；对中等生的辅导，要注意启发他们的思维，使他们能将所学的知识灵活运用，逐步提高自学能力；对优等生应注意培养他们独立思考的能力和融会贯通应用知识的能力，培养他们养成良好的学习习惯，培养他们的实践能力，丰富他们的思维，提高他们的想象力和创造力。对各类学生均要注意采用正面激励的方法，让学生在作业本上看到大大的"优"，或得到简短的批注，如"书法家""小作家"等，看到自己的学习成果，体会到成功的喜悦。这样激励了每一个学生不断认真学习，使他们对学习充满希望。

五、结论分析与问题反思

（一）结论分析

在实施分层教学的过程中，要注意做到让不同层次的学生各得其所，都能获得不同程度的发展；每一个学生都学得"痛快"（先痛后快乐），从而增强学习的信心和战胜困难的勇气。同时，分层的不固定，又增强了学生的自主性，培养了学生的创造力和强烈的竞争意识，促进了师生、学生间的互动，这有利于建立民主的、平等的、融洽的师生关系和同学关系，形成互帮互学、携手共进的团体精神。同时，还应注意引导学生在自我评价的时候，做到既要看到进步的一面，又找到自己的不足，努力长善救失，扬长避短，使学生对自己的学习情况进行正确的评价，增强学生学习的自信，从而提高学习效率。

（二）问题反思

首先，每一个班学生程度不同，教师要恰到好处地控制，使各层学生互相激励、启发，而不是互相干扰，难度较大。这也增加了教师备课难度。对同一教学内容，要为不同层次的学生设计不同的问题，工作量也是很大的。所以，班内分层次教学对教师的素质要求较高，给广泛推广增加了难度。

其次，每一节课的课型不同，都开展分层次教学是很难实施的。由于时间精力的限制，教师不容易面面俱到，难免出现对学生对课堂的把握不准或不到位的情况。对学生调组的心理辅导是一个难点，不管是语言还是工作量都比过去大很多。

六、结语

由于水平班级授课制不利于学生创造能力的培养，不利于因材施教，不能满足社会发展对教育的要求等种种弊端的日益突出和尖锐，分层教学这种顾及学生个体差异、倡导因材施教、旨在促进所有学生最好发展的教学模式一定会有助于培养多元化的学生，而分层教学手段的运用必然要体现任务教学法的贯彻，两者的有机结合，一定会促进教学水平的提高。

第六节　自主课堂要"习惯"

　　新课程标准中提出：要让学生成为学习的主体，老师只是学生学习过程中的引领者。这就强调了在新课改的背景下，要更好地培养学生的自主学习能力，以使学生更好地面对21世纪的挑战，适应科学技术飞速发展的形势，适应职业转换和知识更新频率加快的要求。一个人仅仅靠在学校学的知识已远远不够，每个人都必须终身学习。终身学习能力成为一个人必须具备的基本素质。在未来发展中，我们的学生是否具有竞争力，是否具有巨大潜力，是否具有在信息时代轻车熟路地驾驭知识的本领，从根本上讲，都取决于学生是否具有终身学习的能力。使学生在基础教育阶段学会学习已经成为当今世界诸多国家都十分重视的一个问题。

　　可是，在传统的教学模式中，更多的是对学生进行"填鸭式"的教育。这种"灌输式"教学模式对学生自主学习能力的培养是极为不利的。随着新课程改革的深入推进、新教材的广泛使用，我们体会到课程改革为培养学生的自主学习能力提供了条件和操作平台，同时培养学生的自主学习能力也成为课程改革对教学提出的要求。在新教材中，有很多部分是要求学生去自主探究，去收集整理分析资料，自主地去获取新知识，去分析解决问题，等等。这些都要求学生有较强的自主学习能力。那么，怎样使学生学会自主学习，提高学生的自主学习能力就成为教学中有待解决的问题。为此我提出了"语文课指导学生阅读课本的研究"这一课题。

一、目标

（一）让学生明确自主学习的重要性

首先，自主学习提高了学生在校学习的质量。经过检验，成绩优异的学生也是自主学习能力较强的学生，因为自主学习能够促进学生对所学内容的深度理解，符合深度学习的特征。其次，自主学习能力是创新人才必备的基本能力。据我国学者调查研究，在1992年"中国大学生实用科技发明大奖赛"中获奖学生的学习活动都具有很强的独立性、自主性、自律性，表明学生的创造性与他们的自主学习是密切相关的。正如著名的数学家华罗庚的论述：一切创造发明，都不是靠别人教会的，而是靠自己想，自己做，不断取得进步。最后，自主学习能力是个体终身发展的需要。自主学习是个体走出学校后的主要学习方式，而没有自主学习能力，个体的终身发展会受到极大的限制。

（二）使学生掌握自主学习的方法

（1）制订计划。计划是非常重要的，在做一件事情之前，最好是能先把计划列出来，并严格按照这个计划开展学习。有计划地学习，会比毫无规划地去做，效率要高得多。

（2）要建立目标意识。确立一个目标，有利于学习中的坚持。我们经常说，做事情如果毫无目的，就跟无头苍蝇似的。学习也是这样，有一个明确的目标，学起来更有动力。

（3）注重学习的氛围和环境。可以和好朋友一起开展学习上的比赛，让学习的环境活起来。有时候一个人奋斗总感觉稍显孤单，不妨叫上同学一起来学习，可以互相监督、共同进步。

（4）自我检查和反省。找出自己自主学习中出现的问题和漏洞并改正。在学习过程中我们只有知道自己的不足，并且不断改正，才能变得更加优秀。

（三）培养学生养成良好的自学习惯

（1）独立思考的习惯。边读边思考，边读边思考每个字、词、符号的内在意义，边读边建立知识间的联系，找规律、抓本质。只有进取、主动地思考，才能弄懂、学会知识，掌握思维方式，提高学习本事。

（2）手脑并用的习惯。画出字、词、句、段等，以便查阅和记忆；画出语句中的重点字词以便在适当的时候提醒自我；画出阅读中不理解的地方，以便质疑。

（3）勤问的习惯。学生阅读时会产生很多的问题，教师要鼓励学生质

疑。刚开始，有些学生不会提问题，提出来的问题往往是毫无意义的，甚至是幼稚的，但这是思维的火花，教师应善待，这样，学生才敢思、敢问，才会逐渐发现更多有价值的问题。

二、主要内容

（一）认真设计，引导学生学会阅读课本

课本是教师的教学之本，也是学生学习知识的依据，尤其是义务教育课本，其教学资料的编排都是遵循以旧带新、由扶到放的原则。教师要引导学生充分阅读，让学生主动参与知识的构建过程，以培养学生在教师指导下自我动脑、动口、动手学习的能力和习惯。

针对学生好模仿的特点，教师充分发挥自身的示范作用，在教学中多运用课本，使学生感受到课本用处大，认真阅读课本益处多，从而使学生产生认真阅读课本的愿望。

引导学生养成阅读课本的习惯，采用扶放结合的方法，对学生逐步提出阅读课本的要求，让学生在不知不觉中学会读书，掌握学习方法。

（1）通读教材，初步了解资料概况。

（2）细读教材。要求学生能找出知识的关键资料，加上着重号或提出问题。

（3）新授结束后，在学生作业前，教师要留时间让学生阅读课本，让学生整理一节课的资料，消化所学的知识。学生这时读书，正是他们自我摸索学习方法的契机。

（二）引导学生作业时认真阅读题目，逐步养成良好的学习习惯

教师经常遇到学生做题第一遍错误较多的情况，有的教师往往把原因归为粗心。然而细细分析，找找原因，就不难看出，大部分学生是在解题前没有认真读题。所以，要提高学生解题正确率，必须培养学生解题前认真阅读题目的习惯。

（三）精心设计读书方法，使学生愉快地学会读书，学会学习

（1）充分发挥插图作用。例如，我们新教材上图文并茂，很是吸引学生。教师要引导学生根据书本上的插图、图旁的旁白，边读边讲，使学生既理解知识，又不觉得乏味。

（2）设计不一样的读书方法。在课堂教学中落实素质教学，应突出个体独立学习与小组互助的作用。在按组学习讨论时，既可由组长提问导读，或提纲引读，也可分角色读书。对结语较长的概念、法则可分层读书，如个别读、小组读、团体读。对结语较短的句、字、段、文速读速记，请学生读后立即背诵，以强化记忆。设计不一样的读书方法，其目的在于调动学生学习的积极性，让每个学生都充分参与学习，进而培养良好的学习习惯。

三、方法

本课题主要采用比较法进行研究，辅助以调查问卷等研究方法。

（1）调查法：①以问卷、座谈等形式，调查了解学生阅读课本的情况。②调查实验中期与末期学生的一些情况。

（2）比较法：选择两个班级作为实验班，进行课改实验，其余班用传统方法授课，实验班严格按照课题模式教学，及时总结教学得失。总结出学生自主学习的方法，构建一套相对完整的教学策略。

四、具体过程

（一）了解学生的课堂和课外学习状况，找出问题的突破口

面向教师开展问卷调查，了解教师对学生自主学习的认识；面向学生开展问卷调查，了解学生对自主学习的认识；面向学生家长开展问卷调查，了解学生在家的学习情况。我们发现：大部分教师害怕学生听不懂，完不成教学任务，一味填鸭，不给学生足够的时间和空间去独立思考、自主学习。

（二）抓住课堂，激发学生自主学习的热情

（1）低阶段的学生，模仿性最强。我们针对这一特点，教师上课时充分发挥自身的示范作用，在教学中引导学生进行自主学习，使学生感受到自主学习的好处，从而使学生产生主动学习的热情。

（2）将自主学习贯穿整节课。一节课上课伊始，让学生通读相关教材，初步了解资料概况，进行对子交流、小组交流、全班交流。然后让学生细读教材，要求学生能找出知识的关键资料，加上着重号或提出问题。新授时重点引导学生阅读教材中的内容，并进行讨论交流，互相补充，主动交流学到知识；新授结束后，在学生作业前，教师留时间让学生小结知识，主动整理

一节课的资料，消化所学的知识。

（3）在早读课上"沙场练兵"。早读是培养学生养成自主学习习惯的最佳时间。班干部在早读时组织学生，既可以团体朗读、小组朗读、个别朗读，也可以多种朗读形式结合交替进行，从而充分调动起学生的朗读热情并逐步养成习惯。

（4）引导学生解题时认真阅读题目，逐步养成良好的学习习惯。

指导学生一个字一个字仔仔细细地读，要找出题中的关键词、重点处，对于混淆的题目更要增加阅读的遍数；让学生边读题边用符号画出关键的字、词、句。答完题后，再把题读一遍，检查自己的思路、方法、步骤是否正确、合理。

（三）以课堂为主要阵地并延伸到课外

习惯的养成并非一朝一夕就能完成的，需要坚持和毅力，也需要校内校外的协调统一。教师主动与家长沟通，取得家长的配合和支持。教师给每一个学生制定一份检查表，提出自主学习要求，由家长实施监督。

1. 合理选用课外阅读读物

好的读物会潜移默化地培养孩子的兴趣，激发他们去思索、创造。课外阅读资料的选用不能求多，一般选择一两套高质量的课外阅读资料即可。当然还应因人而异。一般来讲，对学习兴趣浓、学习有毅力的学生，可选择略高于该学生水平的课外阅读，阅读面也可适当拓宽；对学习兴趣不大、学习情绪不太稳定的学生，应选择略低于该学生水平的课外阅读。

2. 合理选择课外阅读时间

家长需尊重孩子，和孩子共同商定阅读时间，可将时间大部分设在晚上或放学后，还可以利用双休日、寒暑假。鼓励学生针对自己的学习、生活情景选择适宜的阅读时间，不能想读就读，不想读就长时间不读，要有计划，贵在持之以恒。

（四）充分发挥评价的作用，让学生感受阅读的乐趣

阅读习惯的养成需要调动学生内在的情感、心智，对学生而言，评价更是影响学生的重要行为。合理、恰当地评价会促进学生阅读能力的发展，还能帮助学生建立进取的学习情感。我们实行多元评价，使学生获得成功体验。

（1）评价主体多层次，即学生自评、互评、小组评、家长评和教师评相结合。

（2）评价资料多层次。对学生阅读的评价，一般从态度、习惯、数量、效果四个层面进行。例如，定期请家长和学生共同填写"阅读反馈卡"，对每一天的阅读时间、是否主动阅读及读的效果做出评价。

（3）评价结果多层次。要激发学生的阅读兴趣，让多数学生获得成功的体验，就要实行分层评价。可根据阅读的质、量、效果等做出相应的评价，评出"阅读小博士""小书虫""阅读提高之星""欢乐阅读之星"等。

五、成果

主动学习教育教学理论，边实践边研究，经过学习、思考和总结，我们的教育思想转变了，教学理论水平和教学能力都有了长足的发展和提高，自身素质获得了较大提升。此外，教师们还撰写了一些自主学习方面的经验文章，并把理论结合实际，运用于教学中。

实验班学生在探究中愉快学习，学业成绩、学习能力均得到了提升。

经过实践探究，学生逐步养成了自主学习的习惯，学习兴趣也得到加强，在学习过程中，能自觉主动参与班级学习活动并在课下主动总结学习效果，考试的及格率和优秀率都提高了。课外，学生能主动阅读课外读物，加强了课外阅读能力和自学能力，养成了课外阅读的习惯。

家长更关注孩子的学习主动性和学习能力，能主动配合孩子养成良好的阅读习惯，同时更加配合班级工作。

六、反思

培养学生独立思考、自主性学习不是一朝一夕的事，必须从每节课的每一个环节抓起。

（一）问题启发，使学生思考具有方向性

在学生自学开始之前，根据教材中的重点知识，设计一两个问题，让学生在阅读教材时围绕提出的问题进行思考。

（二）强调"用脑子读书"，克服思维惰性

学生由于受传统教学的影响，习惯于老师讲、自己听，思维上形成惰

性。所以在学生读书时，要让学生学会找关键词、学会概括段意。学生读书不是照本宣科地浏览一遍，而是要在读中思考，使大脑始终处于积极思维的亢奋状态。

（三）精心小结，培养思维概括性和严谨性

教师在课堂小结中，不是一味地讲，而是采取多种不同的小结形式，培养学生的独立思考能力。根据教学内容的特点，提纲式小结、测验式小结等小结方式相结合。

总之，"学无止境、教无止境、研无止境"这12个字充分概括了我们教学教研的方向和精髓。在这浩瀚的教海中，我们只有乘风破浪、勇于开拓，才能在课程改革中不断前行。

第七节　自主课堂要"合"

一、背景

教研组基于多年教学实践发现，学生在课堂上学习主动性差，不能有效合作，教师的个别辅导时间和精力有限。针对这一现象，教研组决定探索小组合作学习这一教学模式，以激发学生的学习积极性和主动性，将充分发挥学生的创造能力和集体的智慧相结合，提高课堂的效率，培养学生的自主学习能力。

二、本校现状及存在的问题

当前我校课堂活动形式存在弊端，作业设计的指导观念滞后，对课堂活动功能目标认识不够全面，活动形式不够丰富。这就导致学生在课堂上的活动表现过于被动，参与度和练习效果不够理想。

三、理论基础及实践依据

（一）基本理念

通过课题的研究，探索如何在现行班级体制下实施小组有效合作的学习模式，并通过实施小组合作学习，提高全体学生的学习兴趣，从而达到提高学习效果的目的。

（二）理论基础

根据新时代教师的标准和要求，教师要加强自身的学习，树立符合新时代教育标准的教育观，提升教学技能，通过课题的研究，加强组内合作交流意识，不断提高教学实践水平和理论水平，力争做科研型教师。

（三）概念界定

小组合作学习教育教学的核心就是以学生的发展为本，培养学生的实践能力、创新能力、合作学习能力。同时关注学生的个别差异，采取不同的具体措施。学生个别差异是客观存在的，影响个别差异的因素又相当复杂。一个学生可能在某些方面表现出优势，或善于观察，或善于记忆，或擅长思维，而在另一些方面有短处。以小组合作的形式开展学习，进行互补，有助于达到最好的学习效果。只有这样，才能使每一个学生的兴趣得到激发，学习态度得到端正，从而全面和谐地发展。

小组合作学习就是在常规的班级授课制的条件下，按照学生的学习能力进行均衡分组，每个班分成六组。既注重学生在同一班级中学习的共同特征，又重视学生个体发展中的差异性，努力形成学生主动学习、主动发展的局面和共同进步的氛围。

（四）实践依据

结合学校教育现状，运用学科课程标准、教育创新思想以小组合作学习模式进行探索、突破与创新。以新课程改革为主导学习方式的探究型生活化教学模式的构建，必将有利于学生科学世界观、人生观的确立，有利于促进学生创新化的进程。

以南溪学校为实验基地，通过教学实践、个案分析、跟踪调查、平行对照等方法来验证实验成果。

四、小组合作学习的教学实践研究

（一）目标

通过本课题的实践与研究，力求在以下方面有所突破。

（1）使课题组教师成员及学科教师对小组有效合作学习的目的以及意义有所了解，基本上树立与新课程教学理念相一致的学科教学思想，较为自觉地运用新理念组织教学，使语文课堂呈现新的自主课堂形式。

（2）在新课程改革思想的指导下进行小组合作形式的教学实践研究。

（3）构建成熟的小组合作学习模式，进行有效的课堂教学。

（二）内容

1. 小组合作学习的基本问题

确立小组合作的教学创新理念，培养学生对学习的兴趣以及探索精神。在小组合作学习中注重分工，使每个学生都有具体的任务，在活动中体现自身的价值，增强自信心，同时培养学生的学习兴趣和自主学习的能力。

2. 小组合作学习教学评价

教学评价是教学过程中的一个重要环节，体现小组合作的新机制研究，建立小组与个人成长记录档案。对课堂活动与课后练习合作完成的过程进行评价，既能让基础好的学生提高综合能力，又能让基础差的学生碰到"桃子"，让不同阶段的学生都有被肯定的机会。

3. 小组合作学习教学案例

通过小组合作学习，发现每一个学生的特点，对教学个案进行分类整理，研究学生发展过程中的共性和个性现象，不断推进教学实践改革。

（三）对象

所任教班级全体学生。

（四）方法

（1）利用课堂实践汲取传统教学的精华，展开研究、总结。

（2）通过理论学习，汲取内外最新研究成果和理论观点来分析现状，对症解决问题，引申出一般问题。

（3）以花溪区南溪学校为实验基地，通过教学实验、个案分析、跟踪调查、平行对照等方法来验证实验成果。

（五）原则

1. 整体性原则

教学过程完整，体现整体性。小组合作学习教学中的各个环节是一个相互联系的整体，只有每个环节做扎实了，才能最终实现课题的基本目标。

2. 主体性原则

现代课堂要尊重学生的主体地位，激发和调动学生自我发展的积极性和创造性，满足学生的求知欲望和自我表现欲望，体现学生的主体性。

3. 对比性原则

为了体现实验的有效性，在实施过程中采取实验班级和非实验班级对照

的形式，为以后的教学提供有价值的数据。

（六）研究步骤

1. 合理分组

根据我校的班级人数，再参照学生的知识基础、智力水平和学习态度等，把每班学生按照基础、接受能力、学习自觉、学习方法、成绩等标准均衡地分成六组，每组的综合情况基本相同。

实施合理的分工，使每个人都有具体的任务。因此，要对影响学生的相关因素——智力因素和非智力因素、内部因素和外部因素，即对学生的学习态度、学习目的、学习兴趣、个性特点、能力水平、想象力、动手操作能力、思维能力等做出综合分析与评估。

2. 教学目标明确

让学生领会具体的学习任务，达到教学目标。组内每个人各尽其职：组长的任务是组织本组所有同学参与课堂活动，其余成员分别执行任务。力求均衡合理，培养学习热情以及有效的合作。

3. 教学方法

教师有效讲解和组织学生参与课堂活动。有效布置任务，明确各组的学习任务，以及要求达到什么作业标准。每一节课都要对小组的综合表现进行及时评价，鼓励个人发挥，更鼓励整组集体进步。

4. 辅导

教师的辅导要有效且均衡，在学生创作过程中教师分组进行指导，根据各组的特点让每一个学生都发挥作用，展现自己的价值。

五、具体实施过程

（一）学习培训活动

积极参加集中学习，更要主动自我学习，采用不同形式的学习以提高自身的理论学习水平。

（二）采取的措施

（1）加强教师素质建设。加强教师业务知识的学习，提高教师教育教学水平，转变教育教学观念，确立正确的教育理念和教学观念。

（2）加强课程标准的学习，加强课改的探究，促进有效的学生自主学习，促进学生个体发展。

（三）主要模式

（1）理论学习和教学实践相结合。

问题解决模式。发现问题—探究问题—解决问题。

实践变革模式。选择内容—实践分析—判断其合理性—做出一定的调整。

（2）经验总结模式。教育过程（回顾、描述、反思）—分析和概括—上升到理论认识。

（四）形成的主要策略

小组合作学习所解决的我校课堂上普遍存在的问题，是迫切需要解决的问题，实践性极强。

（五）主要方法

（1）学习传统教学中的精华，积极展开研究、总结。

（2）学习相关的理论知识。汲取国内外最新研究成果和理论观点，分析现状，对症解决问题。

六、实践研究成果

（一）目标

（1）通过不断地实践研究，小组合作学习的发展方向首先就是课堂教学要以精彩的内容来吸引人。这就要求教师不仅要精心备课，还要深入学生中间去了解学生，发现问题、解决问题，加强自身的再学习。在课题的研究过程中，教师依靠这一课题迅速成长起来了。

（2）实验班学生与非实验班相比学习兴趣提高了，学习的主动性意识增强了，学习效果良好。

（3）构建了小组合作学习的基本模式。通过课题的研究我们摸索出了如何进行小组合作学习，注重小组建设，使小组里的每一个学生都充分发挥自己的能力。

（二）方法

课堂教学实践法、调查研究法、经验总结法等。

（三）成果

（1）提高了学生的综合素质。

（2）在新的教学实践的基础上，学生经过不断训练，学会了自主学习和合作学习。原有的一些不良的学习习惯得到了纠正，逐步养成了多种良好的学习习惯。

（3）被选择为实验班的班级，各学科的学习氛围更浓厚了，学习兴趣也更加浓厚了，学生的综合能力也有了明显进步。

（4）学生综合素质全面提高，个性特长得到充分发展。

（5）教师的教学方式有所改变——学会学习和探索，教学水平有所提高。

七、问题反思

通过课堂实践、探索研究，课堂的练习和活动更加有效了。要提高作业设计的有效性，教师意识到要充分体现作业的趣味性、自主性、实践性、合作性和开放性，达到个性化作业的标准。

通过不断实践研究，我们认为小组合作学习是在新时代教育背景下一个有效的教学模式，是适应当今教育理念的。对学生进行小组合作学习模式教学有以下优点：

（1）小组自主合作学习体现了以人为本，兼顾了各个层次学生的学习情况，最大限度地调动了学生的学习积极性，有利于每个学生最大限度地全面发展。

（2）小组自主合作学习是以给学生成功的回报来正向激励学生的一种教学和学习模式。对学习能力不同层次的学生的评价有所区别，对于较低层次同学的点滴进步应采用激励评价，鼓励他们努力向更高的层次发展。对于优秀学生采用过程性评价、竞争评价，高标准、严要求，促使他们努力奋进，从而使每个学生都能从学习中尝到成功的喜悦，增强学生的自信心。

（3）小组自主合作学习能提高教师的教学水平。课堂教学要新颖，以精彩的内容来吸引学生的注意力。

（4）小组自主合作学习能融洽师生关系。教学相长，师生共同体会课堂的真正意义，这样就增进了师生之间的相互了解与信任。

我们通过自主课堂的实践与探究也取得一点成绩，教学案例证明了自主课堂是可持续的教学模式，学生的学习后劲、爆发力较强。

第八节　自主课堂要"一"

　　教师专业自我成长和学生遵循规律自我发展的路径就是独立课堂，其目标在于通过教师的启蒙式教育和学生的探索式学习来推动教师的专业进步和学生的普遍和个性化发展。自主课堂的最终落脚点是引导和帮助学生学会学习和实现自主发展。激发学生养成自主学习的习惯、掌握自我学习的技能是智能时代生活的内在诉求和国家、学校教育的重要要求。结合南溪学校办学实际，分阶段围绕教师的课堂教学优化和学生的自主学习提升，系统设计和开展了农村中小学自主课堂的探究活动。

　　本成果以群体动力理论、社会交往理论与建构主义教学理论为理论依据，以启发式教学问题为切入点，以学科课前导学单为主线，以小组合作学习和分层指导性教学为载体，通过问题牵引、自主探究、启发指导、交流表达等教学环节，形成和构建驱动学习—交流学习—评价提升—反思拓展的农村中小学自主课堂教学模型，并提出农村中小学自主课堂教学的实践策略。通过近6年的实践探究和经验总结，有效提升了学生的学习能力，促进了学生的自主发展。

一、问题的提出

（一）智能时代对创新人才培养提出新诉求

　　以信息内容丰富性和传递方式便捷性为主要特征的智能时代，既给人们的生活、工作和交往带来了极大的便利，也给个体的知识学习和自主发展带来了诸多困惑。毋庸置疑，信息化、数字化和智能化为学校教学带来的便捷是无法估量的，最显著的便是让教师和学生能够超越时空限制，更省时省力地开展教学与学习。然而，在信息化时代，人们面对的社会问题和职业工作的复杂程度在不断升级，有效解决生活、职业难题所需要的学科知识呈现综合性，其要求个体学会自主学习和综合发展。面对复杂的社会问题和浩瀚的学科知识，提升学生的自主学习能力和自我发展意识已成为各级学校，特别是基础教育学校人才培养的重要任务。

（二）核心素养对促进学生发展提出新要求

2016年9月，《中国学生发展核心素养》总体框架在北京发布，提出了三项主要内容，即文化和知识的基础建设、个人独立的发展能力和积极的社会行为表现等方面的要求，并在此基础上明确了以下几个重要领域的能力需求，包括对人类文化的理解深度（人文学识），对于科技进步的态度及应用方式（科教思维），如何有效地自我教育以实现个人的全面成长（自学技能），如何保持健康的身体和生活习惯（身体健康），对自身和社会的责任感及其承担的方式方法（公民意识），最后还强调了一个重要的理念——通过实际操作来推动创造力的提升（动手实验的精神）。学会学习不仅是衡量学生获取学科学习效能的重要标志，也是个体参与社会生活和从事工作的重要能力。学会学习既是一种理解知识和运用知识的结果，更是一种对问题思维和决策习惯的形成过程。因此，指导和帮助中小学生理解不同学科知识的学习要义、掌握学科基本的学习方法、提升综合学习技能是学校各学科课程教学的重要目标。

（三）学校实际对优化课堂教学提出新挑战

贵阳市花溪区南溪学校创办于1965年，原名贵州省贵阳市花溪区机械厂子弟学校，于2002年2月转为教育局管理，更名为贵阳市花溪区南溪学校，是一所九年一贯制学校，以"博学勤思，修身立德"为校训，秉承军工企业艰苦奋斗，敢为人先的优良传统，坚持社会主义的育人方向，教育教学严谨有序，教职工勤奋敬业，校内书香浓郁，与优美的环境相得益彰。

学校占地面积14350平方米，校园建筑布局合理，场地平坦宽阔，绿树成荫。现有校舍建筑面积9750平方米，其中，综合楼1栋建筑面积5250平方米，教学楼1栋建筑面积1350平方米，学生宿舍2400平方米，学生食堂600平方米等。学校建有足球场、篮球场、200米塑胶环形跑道及相关配套设施，另有休闲广场、读书文化长廊，力、化、生科学实验室各一个，计算机、图书阅览室等功能室一应俱全。学校现有专任老师72人。共有24个教学班，其

第二章 课堂良知

中小学13个，初中11个。近年来，学校的教育教学质量在全区同级同类学校中名列前茅，教育科研成果喜人，学生在各级各类竞赛中获得嘉奖，学校在上级部门的关心支持下，实施义务教育优质均衡发展，我校将以更优异、优质的教育服务人民。

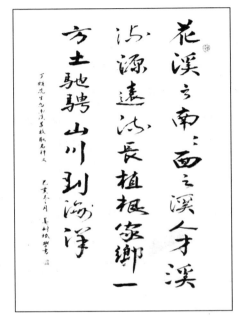

图2-4

　　南溪学校和贵阳市众多其他农村学校一样，在学生发展、教师思维、课堂教学等方面仍然存在诸多需要优化之处。例如，目前很多教育工作者已经认识到培养学生独立思考和自我提升能力的必要性，但在实际的教育策略及班级管理上却尚未找到正确的路径，忽略了学生的独特性格、成长历程以及目前的知识储备，从而使得教育的成果无法满足期望。新时代背景下，面对既定的学科课程知识，有效激发中小学生的学习兴趣，引导中小学生学会自主学习和实现自主发展已成为南溪学校课堂教学优化的重要工作。

二、解决问题的过程和方法

（一）解决问题的过程

1. 准备研究阶段

调查研究本校课堂教学的现状、问题及其原因，确定课题研究方向；收集整理文献资料，寻找探究自主课堂教学模式的研究依据，制订课题研究方案和阶段达成目标。

2. 实施研究阶段

依据各个学科和学段的特性，我们制订了单元导学计划，研究团队协作探讨学习方法，并进行自主课堂实践。同时，我们还会定期举办课题讨论活动，分享经验，以便及时处理在课题研究中遇到的问题，并总结出研究经验。

3. 总结研究阶段

组织课题组成员反馈自主课堂研究问题及建议，考察和分析自主课堂的研究成效，总结研究成果并反思后续研究方向；撰写课题研究报告，总结课题研究成果和申请结题。

4. 实践运用阶段

将自主课堂研究成果（制定导学单、小组合作学习和分层指导性教学）有机运用于校内教师的教学设计和课堂实践，用研究理论服务和指导实践，同时在实践中不断完善理论；开展校外成果交流与分享，不断丰富研究成果；撰写研究论文，出版研究成果。

（二）解决问题的方法

1. 运用问卷调查分析研究现状

采用问卷调查研究方法，从中小学的学习方式、课堂教学方式、课堂问题解决方式、课内外学习表现等维度，对本校学生学情现状进行调查分析。参加问卷调查的年级为小学二年级到初中九年级，其中，二年级和八年级为一个班，其他年级各两个班，实际参与学生348人。

2. 采用文献研究探寻理论依据

在专家的指导下，采用文献研究方法，选择群体动力理论、社会交往理论与建构主义教学理论作为本课题的理论基础，指导和阐释自主课堂教学模

式构建的依据和自主课堂实践开展的准则。

3. 通过行动研究形成研究成果

组建了一个包括校长、教科主管、年段负责人和优秀教师等各年龄层均衡的人员构成的研究团体，采用教育行动研究方法设计出既科学又合理的理论学习规定和职位职责规范，清晰地定义了课题小组成员的责任分配方式，并采取讲授、教学研讨、观摩课程及评价等方式推进自发式课堂的理论与实践探索。

三、成果的主要内容

（一）阐释了农村中小学自主课堂构建的理论依据

独立教学法是一种关键的教育模式，其主要目的是让学生能够自由地探索并掌握自己的学习方式和生活技能。这种教育方法鼓励学生结合自身的兴趣与需求来决定他们想要学习的科目和社会活动，同时涵盖了他们在个人成长过程中所需要的各种认识、学习和进步的内容。

群体动力理论强调了团队协作的重要性：当一群有差异的个体（如智力水平高低不等的人们）在一起时，他们能够互相激发灵感并互补不足之处，这种互动碰撞会引发新颖且深入的理解，从而达到革新的境界——这正是由整个团体的力量所达成的。同样地，社会交往理论也指出人类之间的交际需求是在日常活动中不断成长起来的。最后，构建主义教学理论主张学习的本质在于对信息的吸收过程，而不是依赖于老师教授的内容或方法来实现这一目的——学生必须依靠自身的环境条件及必要的资源才能以一种建设式的模式掌握这些信息。在这个科技进步飞快的时代，无论是生活还是工作都离不开个人的独立研究能力和社会协同工作的配合，所以不论对学业还是对职业生涯来说，探索问题解决的方法、沟通技巧及其团结一致的精神都是至关重要和推动事情进展的关键因素。以上理论均说明了探究、合作、交流、自主表达在学习中的重要作用，为自主课堂理论与实践探究提供了理论依据。

（二）探究了农村中小学课程导学单的制定策略

导学单是从传统的教案转换而来的，教师不再是自备自用教案，而是将教案设计成师生共用的学案。引导式的学习清单主要以学生的学习过程为核心来制定，这使得课程教育的重点由老师应该怎样去教授转变为如何使学生有效地学习。自主课堂是以导学单为基础开展的，导学单的设计及使用效果直接影响到一堂课的流程进度及学生的学习效果。因此，高效地设计及使用导学单尤为重要。设立课前指导手册的主要目的是让学生通过自我学习初步理解问题，并以此记住最基本的事实和知识，因而必须编制出详尽的教学大纲。

自主课堂中导学单有效设计的原则包括学案的设计要问题化、针对化，要有梯度、有层次，要情境化、代入化。要高效地设计及使用导学单就应做到课前导学单的预习及批阅、课堂导学单的学习及整理、课后导学单的二次批阅及反思。同时编写、使用导学单时应注意避免导学单设计习题化，避免导学单与课本脱离，避免导学单上知识点罗列的问题。导学单作为一种以自我导向为主导的教育模式下的关键工具，是实现自适应教育的关键手段之一。其构成元素应当包含学习目的、核心知识点及疑问解答、阅读理解问题、疑惑信息的回馈、学习活动的规划、阶梯式引导学习的练习、扩展性的知识探索等。在制作导学单的过程中，我们需要关注的是如何优化它的结构，其中涵盖了学习的内容与学习策略，如观察、记述、联系、比较、推断、总结、思考交流等；同时要设定培育学生思维技巧的目标，以提升他们的学科技能，并提供解决问题的指引等，使得原本固定的学习材料变得更加生动活泼。

（三）探究了农村中小学小组合作学习的组织策略

通过团队合作的学习模式，我们能够摆脱传统的单向教育方法，更好地贯彻以人为本的教育思想，同时能提升学生的沟通与协作技巧，塑造出一种团体协作的精神风貌，而小组合作也使得更多的学生有机会展现自己，从而提高他们的自尊感。这也有助于推动学生互相教授、互相练习和互相进步的小对子互助计划，有助于实现不同层级的教学目标，并更加关注每个个体的独特需求，进一步强化学生的自主管理技能，这对班主任来说也是非常有益的。

基本的分组规则是按照"相似匹配，不同类型配对，并维持平等关系"的原则来组织团队。依据学生不同的学习表现、情感状态、个性和喜好、学识能力和家庭背景等因素组建相近水平的小组，通常采取多样化的策略使得每个小组成员能够互相补充和展现其独特之处。与此同时，我们需要确保各

个小组之间的相似度，这样才能推动内部协作及外部竞争。在确定小组结构时，需要注意几个关键点：第一，性别平衡很重要，这可充分利用男生和女生思考方式的差异，实现他们的互利共赢；第二，考虑学生性格的互补性，强项科目和弱项科目的融合会促成他们彼此的支持和协助；第三，合理的座位设置有利于优秀的学生向其他学生提问或讨论问题，也方便落后者寻求指导；第四，定期检查并适当调整小组配置，这是基于学生的发展状况而做出的决定。

（四）构建了农村中小学自主课堂的教学模式

根据对乡村教育机构各年龄段学生的学业状况的研究和群体动力理论、社会交往理论、建构主义教学理论的综合评估，我们以预习作业作为主干，采用诸如提问引导、独立探索、启迪辅导、讨论展示等方式，创建了一套适用于乡村中小学校的自主动态课程模式，包括：驱动学习（激活学生积极参与）—交流学习（教会学生如何有效参与）—评价提升（让学生自我反省并互相评价）—反思拓展（使学生深入理解自己）。

驱动学习的主要任务包括：激发学习兴趣、设立学习目标、促进自主学习、巩固学习内容。交流学习的主要任务包括：及时反馈学习情况、加强沟通交流、展示个人特长、解决学习难题。评价提升的主要任务包括：厘清学习思路、进行评价总结、提炼学习要点、促进理论提升。反思拓展的主要任务包括：培养反思意识、提升自我认知、加强练习巩固、开展学习拓展。由于农村学生家长辅导不到位，以及学生学习兴趣和水平差异明显，有些学生在学习活动中表现不积极，使得自主学习和合作学习成为部分学生的任务，无法达到促进全体参与的目的。因此，教师需要转变教学方式和教育观念，深入进行课程改革，积极探索新情况下教育教学改革，提升自身教书育人的水平和素养，提高个人业务能力，更好地胜任教育工作。在具体教学过程中，每位教师可以根据学科实际情况和课程特点灵活运用教学基本模式。

（五）提出了农村中小学自主课堂的教学策略

1. 自主课堂教学的设计策略

首先，对于自主式课程教育的设计原则来说，老师必须重视学生的需求，并坚信他们的潜在才智，给予其展示自我的平台。同时，应该尊重学生的多样化，使各类水平的学生都能得到相应的成长。其次，在课堂教育的组织方式规划中，老师应当逐步建立起"创造环境、引导启发；独立探究、协作沟通；探讨梳理、确定结果；总结提炼、拓展运用"这样的课堂架构。最后，在课堂教学的评价设计中，需要用多元化的素质教学目标来评价。对于自主学习的规划可以从多个视角来展示：如提出疑问、构建场景或安排任务等。设计的题目应具备明确的指向性和广泛的可能性；鼓励探究和结合现实生活中的例子，以便于学生的探讨与分享。建议每个（或是两个）学习团队各自负责一些问题的研究工作。

2. 自主课堂教学的操作策略

首先，在新课程中引入自主式教育应该迅速、创新且实用。快速则意味着能够立即吸引学生的注意力并让他们进入教学环境。创新是根据学生的好奇心强这一特性来激发他们的兴趣，从而增加学生的学习热情。实用则体现在导入的内容必须符合整体的教育目标，不能为了追求新鲜感和独特感而偏离主题。此外，自主学习可以通过多种方式实现，如独立研究、团队协作和探索式学习等。其次，教师需要确保学生在自我学习过程中具有清晰的方向，包括时间分配、具体的学习材料、有效的策略以及具体的期望值。同时，教师也需定期检查以掌握学生的情况。最后，教师应当鼓励学生积极参与讨论，指出错误或改正的原因，当学生遇到困难或者提出疑问的时候，教师应引导全体同学一起解决问题；如果还有人无法理解，那么教师应进一步解释。教师还应教导学生寻找规律，揭示规律背后的原理，这样才能真正让学生明白其中的道理，进而提升他们分析和处理问题的能力。

3. 自主课堂教学的评价策略

评估自发式课程教学时，首先，设计出具有高创造性的课题或者活动，这些内容应是学生渴望知晓且热衷参与的，以此来开阔他们的视野并激发他们对学习的热情。其次，鼓励学生独自完成任务，这可以通过检查他们的作业及修改错误的方式实现，从而检测他们对先前所学内容的理解深度。此外，指导学生反省自身的学习历程，进而激发出更多的深入思考和新颖见解，培养良好的学习行为。关键在于让学生意识到自身的优点和缺点，找准知识上的盲区，这样才能弥补不足，提高自身水平。最后，在学生做作业的过程中，老师需定期巡查，以全面掌握学生在这堂课中的吸收状况。总的来说，对于自发式课程教学的评判重点，涵盖了创新型问题的设定、老师的个

第二章 课堂良知

性化辅导以及学生的自我评估等几个方面：

四、效果和反思

（一）效果

1. 激发了学生的学习兴趣

人类天生就充满着探索未知的渴望，然而这种欲望却常常被传统的教育方式所抑制或忽视。这不仅削弱了个体的求知欲与自我学习的动力，也可能导致他们失去探究新知识、提出独特问题的勇气。正如爱因斯坦曾说过的那样："我的特殊才能并非来自天赋而是源于强烈的好奇心。"在实施自主动态课程的过程中，由于受到内在驱动的影响，孩子们可能会提出难以理解甚至荒谬至极的问题；而老师应该尊重并支持他们的质疑精神而不应感到恐惧或者阻挠这些行为的发生。同时，不应对孩子们的异想天开表现出嘲笑或是轻视来打击其积极向上的态度。因此，我们需要的是一种能激励学生勇于发掘真相而不是遏制其创新思维的方式去教育下一代人才！

2. 提升了学生的学习自信

自我信任是个人成功的核心要素。一个充满信心的个体总能在面对挑战与克服难题时保持积极态度。德国的教育专家第斯多惠曾在他的教导准则里强调，教育的精髓并不在于教授的能力，而是激发、唤醒并鼓励他人。在自由式的授课环境下，学生会在教师期望和激励的影响下建立起自己的信念和勇气。自主式的学习方式能让学生在学校接受教育的过程中培养出创新的自信心。教师可以通过个性化的辅导策略、恰当的启迪来有效地引领学生主动探索知识和发表见解，让他们感受到自己独立掌握知识的快乐，从而提升他们的学习自信，也使得他们能够享受到学习的成就感和满足感。

3. 培养了学生的学习习惯

自我驱动式教育让学生完全掌控了他们的求知之旅。他们积极参与到这个进程中并自然而然地投入其中，对自己的进步负全责。这种对自身行为的责任感将会极大地提升他们在学业上的活跃度。当学生在学校里通过团队协作和个人辅导来探索最合适的方法以达到最佳学习效果的时候，就能迅速发现并且应用这些策略有效率且有规律去获取新知，其价值远胜被教师强制灌输信息。一旦建立了良好的习惯和态度就更有利于持续性自学活动的发展形成一种正向反馈机制，使得学生获益匪浅。在这个探寻的过程中，我们需要设定清晰的目标，开阔视野，同时要灵活应对各种挑战，保持自信心，勇于质疑，勇敢追求成功。

4. 发展了学生的学习思维

创新是一段充满挑战和机遇的路程，其中包含着成功的喜悦和挫败的痛苦。具备自我意识、坚定毅力、勤勉努力、务实态度、坚忍不拔、敢于梦想并付诸行动的能力，构成了一位优秀人士的核心心理特质。当代教育的主要任务就是培育学生的创新能力。在自发性的教学环境下，学生能积极地去寻求知识，享受其中的乐趣；通过阅读书籍和聆听老师的教诲来获取新的见解，最终的目的在于形成个人的观点，展现个性和实现个人成长，确认自身的价值，激起对未知的渴望和追求知识的热忱，从而释放出无限的创造潜力。教师应持续关注那些持之以恒的学生的试验进展和结果，适时给予赞赏和支持，这有助于创建学习爱好者团体，激励他们勇敢尝试，并在实际操作中提升他们的创新决心，同时为学生提供锻炼团队合作能力的平台。

5. 促进了学生的自主发展

在传统的教育模式下，学生作为受教育的一方，其成长进程往往是被动地接受设定好的标准、目标和路线。他们并不知道自己要走向何处，就像一群拴住了的绵羊，教师引导去哪里，他们就会跟随到哪里。在此背景下，教师的"教"与学生的"学"很难形成合力，从而减损了教育的效力。而所谓的自我学习是一种新的教育方法，即让学生通过独立的学习、探究和发掘来获取科学知识。这一理念强调的是以学生为主体，他们能够自由选择学习的主题、途径和终点，对于整个学习流程有着清晰的认识。学习变成了一件由学生主导的事情，他们的积极参与使得这个过程充满活力，并且拥有明确的目标和导向，这使他们在自发的状态下主动学习和全面提升自身能力。

（二）反思

近年来，我们在不断进行自主课堂教学的实践探索，立足自主课堂理论基础，将导学单、小组合作学习与分层指导教学运用在自主课堂，积极引导和促进学生学会学习和自主发展。研究至今，虽然已经取得一些成绩，但是仍存在一些不足。

一是自主课堂的情境设计灵活性有待增强。在日常的教学过程中，教师

往往倾向于强调学科性，导致情境设计部分无法有效整合多个学科的知识。由于学习环境过于单一，教师在进行自主学习活动时经常会出现以学科为主导的错误，这对激发学生的自我学习热情产生了阻碍。

二是自主课堂的学习资源选择有待拓展。教师应选择与自我学习目标相符的资源，不能过度依赖于网络获取的资源。如果只是照抄不思考，缺乏讨论和研究，那么就无法对所得到的资源进行有效的分类和整理。

三是自主课堂的成果应用推广有待拓展。目前由于团队研究能力有限，对自主课堂教学的成果推广主要是依托讲座的形式分享经验，有待进一步将校内研究成果推广到更多的学校。

接下来，我们将继续增强团队实力，不断完善和改进自主课堂实践，最大限度地促进学生提升自主学习和自我发展的能力；同时，通过校际交流拓展成果应用范围。

附：

九年级语文下册第五单元教学设计

（一）教学目标

（1）了解《屈原》《天下第一楼》《枣儿》三篇文章的背景和主题。

（2）分析文中人物形象，体会作者所表达的情感。

（3）学习文中的表现手法，提高学生的写作能力。

（4）培养学生自主学习和合作探究的能力。

（二）教学重点、难点

重点：理解文中人物形象和主题。

难点：学习文中的表现手法。

（三）教学方法

自主课堂、大单元教学。

（四）教学过程

1. 自主学习

学生在课前自主阅读《屈原》《天下第一楼》《枣儿》三篇文章，了解文章的背景和主题。

学生完成预习任务，包括字音、词义、段落划分等。

2. 导入

通过提问的方式，引导学生回顾《屈原》《天下第一楼》《枣儿》三篇文章的背景和主题。

3. 整体感知

学生分组讨论，分析文中人物形象和主题。

各组选派代表发言，其他小组进行补充和评价。

4. 深入探究

教师引导学生深入探究文章的表现手法，如比喻、象征、对比等。

学生结合具体语句进行分析，体会作者所表达的情感。

5. 将全班分成三个剧组

《屈原》剧组、《天下第一楼》剧组、《枣儿》剧组，轮流演绎。

6. 课堂总结

教师对本节课的内容进行总结，强调重点和难点。

学生回顾本节课的学习内容，提出疑问和建议。

7. 布置作业

写一篇读后感，阐述自己对《屈原》《天下第一楼》《枣儿》三篇文章的理解和感悟。

第二章　课堂良知

图2-5

第三章

育人良知

第一节 "知行合一"的思教别动队

2009年，我担任学校的思教主任。当时，学校面临严重的"脏乱差"问题，学生的行为和学习习惯也较差。班主任的工作任务繁重，其报酬按负责学生人数，分别为每月60元、90元和120元。此外，班主任的评优评先工作缺乏相关依据，严重打击了班主任的积极性。学校没有老师愿意担任班主任，出现了"躺平"和"半躺平"的现象。我在毫无头绪之时又翻开学习王阳明的笔记本。

王阳明开办龙岗书院后来听讲学的人越来越多，龙岗书院声名大振，阳明心学也渐渐传到贵阳，甚至连贵州提学副使席书都专程到龙场听王阳明讲课。公元1509年春，王阳明接受席书邀请到贵阳书院讲学。在此期间，王阳明凭借渊博的学识、深刻的思想和独特的人格魅力，征服了莘莘学子。

王阳明在贵阳书院讲学时提出了著名的"知行合一"学说，他第一时间写信与远在浙江的心爱的大弟子徐爱分享喜悦。（王阳明常说"徐生之温恭我所不逮"，一次在上课时王阳明突然感叹曰："安得起曰仁於泉下，而闻斯言乎！"）徐爱千里迢迢赶到贵阳书院，来到老师身边，但是真正的弟子，真正的同道中人是要教学相长、相互裨益的，而不只是简单地跟随。徐爱说：老师创立了"知行合一"之说，但是我有问题要请教，"知行"怎能"合一"？他又问："如今人尽有知得父当孝，兄当弟者，却不能孝，不能弟，便是知与行分明是两件。"王阳明答道："就如称某人知孝，某人知弟，必是其人已曾行孝行弟，方可称他知孝知弟……此便是知行的本体。"王阳明首先举例说："如好好色，如恶恶臭。"举这个例子，用意和《大学》不一样。主要说明知行是同时发生的。同样，光说并不是知道去做了，做到"孝"，做到"弟"才能说明你知"孝"知"弟"。做不到就不是真知道，真正的知道就是能做到。王阳明说"知行"其实是一个整体。徐爱问：古代圣贤为什么要把"知行"分成两个？王阳明说：古人为什么把知行要分开呢？是因为有两种人，一种人冥行妄作，另一种人爱说空话，不着实躬行。我们对镜子照照自己是不是以上两种人，你可能不认为自己其中的一种，但是你有没有冥行妄作或者着实躬行的时候呢？一定有。王阳明的"知行合一"，解决了人生三大困惑之一的习性问题。人生有三大困惑：一是欲望，二是情绪，三是习性。习性是很难克服的，社会学、心理学、行为学上都有一种结论：你现在所有的一切，都是你的习惯造就的，都是你的习性造就的，你的成功是由好的习性造就的，你的失败是由坏的习性造就的。可见，习惯、习性对人的作用有多大。

欧洲有一个奇特的传说，这个传说发生在亚历山大大帝时期。亚历山大大帝尽管很厉害，但依然勤奋好学，不仅拜伟大的哲学家、科学家和教育家亚里士多德为师，还建了一个很大的图书馆。一次，图书馆不慎失火，一些书被烧毁，一些书被趁乱偷走。其中有一本书从表面上看很平常，但夹层里有一张羊皮纸，那是一幅珍贵的藏宝图。藏宝图上有一个欧洲世代相传的秘密：有一块可以点石成金的石头，用它去碰一下别的石头，那块石头立刻就能变成黄金。这块能够点石成金的石头，被前人藏在黑海边的悬崖峭壁上，那里有很多大同小异的黑色石头，但唯独这块石头很特别——别的石头都是冰凉的，而它却烫手。这本书被偷走后，不知怎么被一个富家子弟得到了。当他无意间发现了夹层中羊皮纸上的奥秘后，便变卖家产不远万里地前去寻宝。他来到黑海边，真的找到了那个地方。旁边万丈悬崖，底下是大海，峭壁上有很多黑色的石头。

于是，他开始一块一块地仔细甄别。刚开始他一个一个捡，问题是这么多石头，捡了放下、捡了放下，不是乱了吗？怎么能保证不混淆呢？为了在无数块石头中找到那块宝石，他想到一个办法：捡起一块石头，如果不是那块宝石，就扔到海里去。一天、两天，一个月、两个月，一年、两年，他始终没有放弃，他整整捡了十年。功夫不负有心人，在周而复始捡了整整十年后，终于有一天，当他弯下腰，手接触到一块石头时，瞬间惊呆了：这块石头竟然发热滚烫！

他不由得一阵狂喜，双手颤抖着捡起了这块点金石，然后，他鬼使神差

第三章　育人良知

般站起来，"啪"的一下就顺手将石头扔到了大海里。虽然他还未出手时，就在心中大喊着："不能扔！不能扔！不能扔！"但还是不由自主，眼睁睁地看着自己将十年辛苦才捡到的宝石扔了出去——他扔了整整十年，早已经习惯了这个熟练得不能再熟练的动作了！

当然，我们知道这个世界上不可能有点金石。事实上，我们现在全被我们的习惯所捆绑，所以后来王阳明的忠实信徒曾国藩就说过一句名言："败人两字，非傲即惰。""傲"指冥行妄作；"惰"指不肯着实躬行。王阳明的"知行合一"不只是知道到做到，也并不只是我们理解的理论联系实际。知道到做到，这只是"知"到"行"，"行"到"合"是"知行合一"的第二层内涵——做沉浸式的体验。王明明说："知是行的主意，行是知的功夫，知是行之始，行是知之成。若会得时，只说一个知，已自有行在；只说一个行，已自有知在。"我认为他讲的是一种沉浸式的体验。什么叫作沉浸式的体验？我们举孔子学琴的例子，孔子学琴精神就具有这种沉浸式的体验。

孔子学鼓琴师襄子，十日不进。师襄子曰："可以益矣。"孔子曰："丘已习其曲矣，未得其数也。"有间，曰："已习其数，可以益矣。"孔子曰："丘未得其志也。"有间，曰："已习其志，可以益矣。"孔子曰："丘未得其为人也。"有间，有所穆然深思焉，有所怡然高望而远志焉。曰："丘得其为人，黯然而黑，几然而长，眼如望羊，如王四国。非文王其谁能为此！"师襄子辟席再拜，曰："师盖云《文王操》也。"

——《史记·孔子世家》

师傅领进门，修行靠个人。什么叫修行呢？我经常给学生讲"孔子学琴"这段事情，学习一样东西，要学有所成，就要经历三种境界：第一，琢磨；第二，揣摩；第三，着魔。这就叫沉浸式的体验。不光学习，做事也是这样。王阳明说"只说一知，已自有行在；只说一个行，已自有知在。"融会、贯通，只有沉浸进去，我们才能和学习的知识融为一体，这叫"合"，"知行合一"的"合"。取消个体独立性，沉浸进去，两个融为一体，从而产生一个新的整体。然后由"合"到"一"。"一"就是"致良知"，就有一个价值性的归宿和再出发，到了"致良知"的"知"比前面"知行合一"的那个"知"就上了一个层次，然后这个"知"可以再导致"知行合一"。我们在这个过程中产生了自我价值塑造，而且获得了一种思想的塑造。这种思想最本质的必须是价值判断，必须是"致良知"。"若是知行本体，即是良知良能。"因此，到"致良知"就是一个价值性的归宿和再出发，就是一个潜在的自我的再塑造，就是良能。

图3-1

我温习到此处便快速合上笔记，以学到的王阳明"知行合一""致良知"的思想理论作为指引，当好学校这个思教主任。为了减轻班主任的管理压力，同时提高学生参与学校管理的积极性，培养学生的自主管理能力，让学生真正感受到自己是学校的一分子，我成立了思教"别动队"。该队的目的包括：让学生参与学校管理，让其感到自己就是学校的一部分，从而增强他们的责任感；锻炼学生，让学生参与学校管理学习如何领导团队，以提高他们的领导能力；让学生参与学校管理学习如何解决问题、与他人沟通合作以及做出决策，从而促进他们的成长；让学生参与学校管理，让其感受到自己就是学校的一分子，从而增强学校的凝聚力；让学生参与学校管理使学校管理者能够从学生的角度了解学校管理的情况，从而提高学生的管理水平。

思教"别动队"的成员由各班班主任推选管理能力强、语言表达能力强的学生，学生自愿参与，学校进行面试选拔。选出具有积极性和能力最强的学生组成思教"别动队"。

思教"别动队"的主要工作内容包括：负责学校的日常规范，监督学习习惯、行为习惯、卫生和操行。每周五进行本周工作总结，评选出"学习优胜"、"卫生优胜"、"操行优胜"和"进步班级"，并颁发"优胜班牌"。

思教"别动队"的评选结果主要用于学校各班主任的年终评优评先和绩效考核。班主任的评优评先标准为所任班级的"优胜班牌"总数，绩效按照班级人数下发数和"优胜班牌"总数计算。

思教"别动队"肩负着学校管理和发展重任。每周四召开思教"别动队"例会，进行培训，明确工作内容和责任，强调对待工作要公平、公正，不能有私欲，做到内心光明、坦荡。对于周五的总结和"优胜班牌"的评选进行讨论和审核。

思教"别动队"的组织架构包括：主席、秘书长、副主席（卫生）、副主席（两操）、副主席（早读）、副主席（班级进步）以及各部部长。以上职务由思教"别动队"全体成员经过自愿申请、就职演讲和公开投票产生。

思教"别动队"的成员遴选范围为三年级到八年级的全体学生，遴选方式包括：班主任推荐（自荐）、入职面试和成员投票。思教"别动队"的考核包括学期期末的例会对全体成员进行一学期工作总结、自评和互评，并进行全体投票考核。每年暑期进行一次团建活动。

我校的思教"别动队"已经成为学校一道颇具特色的亮丽的风景。作为学生自主管理的特色队伍，他们在学生的成长、学校的管理和发展中发挥着不可替代的重要作用。

学校思教"别动队"的组织架构如图3-2所示。

图3-2

学校思教"别动队"期末总结考核如图3-3所示。

图3-3

学校思教"别动队"期末团建活动如图3-4所示。

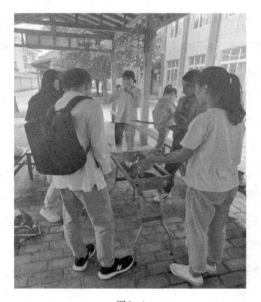

图3-4

第二节 "知行合一"的班主任选聘

学校安排班主任，通常是在所谓的主要学科的教师中选择，如语文、数学、英语等。一直以来都是学校直接安排，导致教师缺乏积极性。他们感觉缺乏目标，人生价值得不到体现，也没有成长规划和成长平台。为了解决以上问题，我采取班主任自愿申请、学校聘任的方式，打破常规思维，让所有教师都可以申请担任班主任。实践证明，所谓的副科教师有更多的时间和精力来管理班级。学校根据教师的自愿申请，进行综合考量后确定各班班主任。教务处则根据班主任的学科安排教师的课程表。学校根据绩效总数，按照每班每月200元的标准对班主任进行奖励考核。

每周召开班主任例会，采取"走出去，请进来"的方式，邀请有经验和优秀的班主任做专题讲座，答疑解惑。同时，老带新结对子，通过多种途径和形式提高班主任的班级管理能力。在全体教师例会上，对进步大、成长快、表现好的班主任及时进行肯定表扬。同时，积极推行班级自主管理模式，组织专题讲座和培训，鼓励老师共同讨论、研究解决问题。遵循一切从良知、学生、班级和学校出发的原则，实现班级自主管理，做到班级事务"人人有事做，事事有人做"。

我校每年一次的班主任聘任期都能吸引教师积极参与，甚至出现了同一个班级有四五位教师竞选的"热闹非凡、竞争激烈"的火爆场面。2014年学校班主任申请如表3-1所示。

表3-1

数据唯一编号	姓名	申请任职班级（工作量0.2）	是否服从调剂
2300003954755747	陈某倩	八（2）	否
2300003954745818	杨某芳	九（2）	是
2300003954724102	柏某燕	七（1）	是
2300003954723352	刘某妍	七（2）	是
2300003954675183	张某锟	七（2）	是
2300003954641998	龙某学	八（1）	是
2300003954587941	周某婷	二（2）	是
2300003954418228	陈某芬	九（1）	否
2300003954353942	李某琴	五（1）	是
2300003954307318	王某芳	一（2）	是
2300003954304395	杨某梅	四（2）	是
2300003954302619	韦某英	六（2）	是
2300003954299387	万某凯	一（1）	是
2300003954295167	李某霞	七（2）	是
2300003954293497	周某玲	三（1）	是
2300003954292162	田某梅	三（1）	是
2300003954291944	吴某芳	三（2）	是
2300003954291864	吴某平	二（1）	是
2300003954193378	杨某平	四（1）	是
2300003954188786	龙某英	五（2）	是

第三章 育人良知

第四章

事上练，致良知

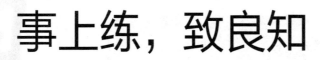

2017年3月，我担任学校副校长，此前一直担任学校的思教主任。最初，我期望主要负责思教、德育和安全工作，因为我在这方面有着长达8年的丰富经验。然而，在校长办公会上，校长安排我负责教学、人事和后勤工作。对此安排，我感到困惑，因此找校长进行了交流。当时，我对教学管理一窍不通，不知从何处着手，便再次向校长寻求帮助。校长告诉我："你自己考虑，想怎么做就怎么做，但切记不能违背自己的良心，因为教书就是一种'良心活路'。"

　　就在我一筹莫展、手足无措之时，脑海里清晰浮现出"事上练"三个大字。我再次打开学习王阳明的笔记、心得、感悟，重新温习起来。

第一节　何谓事上练，致良知

王阳明是一位身体虚弱的书生，却经常参与战斗，不论战场局势如何，他总能获胜，攻无不克。我们常说他气场强大，或许正是因为他的运势好，但在更深的层次上，必然存在深刻的规律和智慧。在"心学"中，这正是其伟大之处。它不仅让王阳明成为王阳明，还使每个普通人都有可能成为像他一样的人。其核心之处在于"事上练"，这也是阳明心学的总纲和核心精髓——"致良知"。

王阳明曾在给学生周道通的信中写道："在日常琐事中，无论有无事，都专心培养自己的本原，当遇事时，或是被动感受，或是主动有感；心中自有所觉，这又何尝不是一种事情？但只要专心于事，便能领悟其中的道理，将其运用到你的内心深处。"这正是一种伟大的智慧，找到并理解自己内心的本质和本性——这便是王阳明所谓的"致良知"。

周道通根据这段话提出了疑问："老师，我理解你说的道理，但现实生活中的情况并非我所想象的那般简单。你看，作为一名行政官员，我的工作纷繁复杂，一桩事情未了，另一桩又接踵而至。我焦头烂额，应接不暇。我尽力按照您教导的去处理事务，并且如您所说，反思、总结。但我的精力实在无法支撑，以至于后来我的许多工作被耽搁，很多事情未能完成。"

王阳明解释说："事物之来，但尽吾心之良知以应之，所谓忠恕违道不远矣。凡处得有善有未善，及有困顿失次之患者，皆是牵于毁誉得丧，不能实致其良知耳。"王阳明"知行合一"背后的大智慧，也是"心学"的总纲，就是"致良知"。

王阳明坚信"人人心中皆有良知"。教育个案的时候，是使每个人发现"良知"；面对社会群体的时候，"致良知"有另外一层意思叫"良知致

人"，用良知去关照所有的人。王阳明的理论是"人人皆有良知，人人皆是圣人"。

良知即良心。良心即人的内心道德自律，也是"知行合一"，最后的"一"是最高的这个规律，它统摄其他的所有、引发所有，甚至可以变成每一个人最终的追求，对人生的帮助是巨大的。王阳明认为，一个人一旦良知觉醒，人生就是一片光明，所有的挫折、困难都是挡不住的。当然，这种觉醒一定要从困难、挫折中来。如果每个人的内心良知都觉醒了，人类社会就有了希望。这种良知不只是良心或者道德自律。此处"致良知"的本质，是让人们听从内心光明的指引，它应该是人的文明积攒下来的智慧、道德与灵魂的自觉，它是内在的光明，指引我们一切，指引我们人生的成长。

对我而言，王阳明的"事上练，致良知"的思想无时无刻不在指引着我的成长，为我的人生奠定基础。

从良知出发，我必须对学校的全体学生、老师负责，为办良心教育、办美的教育、办人民满意的教育而努力。结合学校实际，我的副校长工作从学习、研究、实践入手，"事上练"由此拉开序幕。

我决定首先向每一位老师学习课堂教学。我走进每位老师的课堂，倾听他们的授课，与他们进行沟通和学习。我深信，提高教学质量的根本在于课堂，因为课堂是教学的核心。我为自己设定了一个小目标：在本学期内听完所有老师的课程。我充分利用短暂的课间，与老师们交流学习，不断提升自己。通过一个学期的听课和与老师们的交流，我从他们的教学中学到了许多优秀的经验、方法和技巧，并且顺利完成了自己设定的小目标。随后，我制定了学校的教学管理制度，推行了推门听课制度。我要求听课的老师提出三个教学亮点和三个需要改进之处，我会在第一时间与老师们沟通、交流和反馈。对于他们提出的需要改进之处，我们会共同探讨，甚至我也会讲示范课。此外，老师们可以随时推门听我的课，我从不关闭教室的门，他们可以"随听随走"。我记得有一次，某位老师听完我的课后，我坚持追到他的办公室，要求他给我提出三个改进之处。很快，学校掀起了听课热潮，我在这场热潮中受益匪浅，同时学校的教学成绩也有了明显的提升。

第二节　欲强教师，先强教研

　　校本教研主研校内，少研校外。学校的校本教研主要针对我校的实际情况，研究学校教师在教学过程中所遇到的问题。例如，我提出、组织开展的"一生一案"，学生根据自己的实际情况向老师提问，老师答疑、指导学生，让学生结合自身实际做出切实可行、行之有效的学习方案。又如，课前导入环节，怎样才能做到生活化、场景化、有代入感等。

　　严格落实校本教研制度。我校之前的校本教研是只有形在，而无意在。学校各个教研组整天"不是在做资料，就是在做资料的路上"，都在疲于奔命地应付检查。每到教研组办公室便不难看到一片繁忙景象，有忙着摆拍的、有抄听课记录的、有补会议记录的……真是热闹非凡。针对以上现象，为了确保我校校本教研的有效性，我采取了以下措施：①各组开展每次教研之前，先提交活动方案给教科专干。②领导下教研组参加教研，同时在钉钉上直播分享。

一、校本教研实行闭环管理

　　我要求各教研组开展教研活动要明确教研主题、教研形式。教研活动形成闭环管理：教研活动通知—任务安排—签到—会议记录—发言材料—主持词—总结—教学反馈—预安排下次教研。

　　另外，我校开展同课异构来找差距。

　　对课堂上出现共性的问题，学校教师资源欠缺的学科进行具有针对性、实效性的教研活动。同课异构，内外合作，充分与外校进行深入研讨，交流学习。有效解决教学过程中出现的难点、痛点，找到我们的短板，从而提高自身的教学水平。

同课异构求突破，结对互助共提升

——花溪区教育发展共同体数学同课异构教研活动

为进一步提升小学数学教师组织设计课堂有效提问的能力，探讨在集体教学活动中促进学生学习和发展的有效方法，加强教师在实践中运用课堂学习成果的能力，近日，花溪区教育发展共同体在我校开展小学数学五年级同课异构教研活动。

××教学副校长带队，其余各共同体校五年级数学教师参加了本次活动。我校高度重视此次活动的开展，在学校党支部的指导部署下，拟定了详细的接待方案，安排好负责各部分的教师，副校长、教务主任等全程接待陪同，教师们再按要求登记入校。

活动依托三节课例进行实践，研讨"提高小学数学课堂提问的有效性"这一主题，研究提出数学课堂教学问题设计的实施对策，提高新课程下课堂教学有效性，进一步落实"轻负高质"的教学理念，以提高共同体教师教学教研水平和业务能力。

虽然执教的是同一个课题，但是三位教师的教学风格各异，各有特色。在整个教学过程中，教师把学生探究推向学习的前沿，充分让学生动手、动口、动脑，为学生提供了充足的体验探究空间，真正体现以学生为本的教学观念。

活动分为两个部分，上午为共同体成员校教师听课，对课堂教学过程进行记录，重点观察教师在课堂上对课堂提问的把握和处理，并写好评课记录。由我校教务处对三位教师的授课过程进行录制，以便之后的讨论、交流和学习。

下午，在教务主任的主持下，教师们在我校计算机室集合，展开主题研讨。教师们按年级分成了三组，围绕三节课上的提问进行讨论、分类和汇总，大家积极发言，气氛热烈。

讨论结束后，三组成员分别推选出各自的教师代表，以思维导图的方式分别对本组的研讨结果进行分享和汇报，教师们也在不断的思维碰撞中学到新的观念。

最后，总结如下：要真正实现信息技术与教学的融合，要发挥集体备课的优势，凝聚智慧，通过同课异构，提升教育教学质量。

整个活动形式多样，不论是现场授课还是案例观摩都让大家深刻意识到唯有持续不断学习，取长补短，注重交流，才会学有所获。此次教研活动，不仅拓宽了教师的教学思路，促进了教师专业素养成长，也创设了教师之间研讨交流的互动平台，促进了教师教学观念更新。

我拟订了南溪学校"老带新，结对子"活动的工作方案，组织各教研组开展"老带新，结对子"活动。

（一）活动主题

携手共进，传承智慧。

（二）活动目的

（1）促进新老教师之间的经验交流与传承。

（2）帮助新教师更快地适应教学环境，提高教学水平。

（3）增强教师团队的凝聚力和合作意识。

（三）参与人员

（1）资深教师：具有丰富教学经验的教师。

（2）新教师：刚入职或教龄较短的教师。

（四）活动安排

（1）结对方式：根据学科和年级，将新老教师进行一对一或一对多的结对。

（2）制订计划：新老教师共同制订帮扶计划，明确目标和具体措施。

（3）交流与指导：老教师定期与新教师进行交流，分享教学经验、心得体会，并给予教学指导。

（4）听课评课：新教师定期听课，学习老教师的教学方法和课堂管理经验；老教师听课，对新教师的教学进行评价和反馈。

（5）教学展示：组织新教师进行教学展示活动，老教师进行点评和指导。

（6）总结与反思：定期组织新老教师进行总结与反思，分享活动中的收获和不足，以便改进和提高。

（五）活动时间

活动时间可根据学校的具体情况安排，建议持续一个学期。

（六）活动评估

（1）新教师的教学水平是否有明显提高。

（2）新老教师之间的交流与合作是否更加密切。

（3）教师团队的整体教学质量是否得到提升。

（七）注意事项

（1）尊重每位教师的个性和教学风格，避免强制要求。

（2）活动过程中要注重沟通和反馈，及时调整计划。

（3）鼓励教师之间相互学习、共同进步，营造良好的团队氛围。

党建引领促成长，师徒结对展风采

——南溪学校第一届新教师教学技能大赛

为加强新教师的教学基本，促进新教师的专业发展，提高新教师专业素质和教学技能，南溪学校于2023年12月28日至2024年1月4日成功举办了"花溪区南溪学校第一届新教师教学技能比赛"。本次大赛以党建为引领，充分发挥党员教师的先锋模范作用，通过"师徒结对"的形式，为新教师提供了一个展示自我、学习交流的平台。

（一）活动背景

为了帮助新教师更快地适应教育教学工作，学校党支部组织了一批优秀教师与新教师进行"师徒结对"，通过"传帮带"的形式，指导新教师提高教学技能。

（二）比赛内容及形式

本次比赛分为教学设计、现场授课和教学反思三个环节，全面考查新教师的教学能力和综合素质。新教师以个人身份参赛，共20位新教师参赛。比赛过程中，新教师们精心准备，展现出良好的教学风范，有的深入浅出，有的细致独到，有的幽默风趣，有的铿锵有力，充分把教学与育人相结合，体现出教师对新理念、新课标、新课改的理解，对教学内容、教学目标的精准把控，对多媒体技术的熟练应用。

（三）评审团队

由南溪学校校领导班子及学科优秀带头人等10位教学经验丰富的教师组成评委团，现场观看并评比打分。他们从教学目标、教学内容、教学方法、教学效果等多个方面对参赛教师进行了综合评价。

（四）活动总结

经过激烈角逐，本次大赛共评选出一等奖3名，二等奖6名，三等奖5名，优秀奖6名。通过这次比赛，新教师在教学理念、教学方法等方面都有了很大提升，对我校高质量发展、提质进位具有十分重要的意义。同时，师徒结对的模式也促进了新老教师之间的交流与合作。

（五）"两纵两横"的管理模式

一纵：校级引领，对各种主题、各种形式的教研活动给予引领和指导。例如，首先，针对聚焦"双减"，落实核心素养，提升课堂效率，实效深化课堂教学改革的新形势，我们将依据《国务院关于进一步减轻义务教育阶段学生作业负担和校外培训负担的意见》，组织教师学习并深入理解文件精神。其次，要让老师明确本次校本教研的主题"聚焦'双减'工作，落实作业的有效性"，明白本次教研的目的是什么，怎么做，以及达到什么程度。对此，我提出了四个精准：第一，精准控量；第二，精准控时；第三，精准提质；第四，精准增效。然后安排教研组根据这四个精准开展教研。紧接着，我集中讲解了四个精准的操作方法。

精准控量：当天没有上课的课程不布置作业；充分利用课后服务时间；20分钟的作业训练（专属时光）；少量的家庭作业。

精准控时：严格按照小学60分钟和中学90分钟的标准。每科20分钟，老师和学生一起同做（审题，做作业，检查，1比1，总结），多次实践，时间留有余地。

精准提质：减负不等于减质，要少而精。废除机械作业，作业突出层次性、针对性、多样性和综合性。激发学生兴趣，促进有效学习。

精准增效：减负不减效，减负增效。增加作业内涵，提升作业品质，提高学生兴趣，落实学习效果（活动：作业博览会，量级评价，展示）。作业超市，让学生自主选择，教师指导，在规定时间内完成，促进学习。夯实

第四章　事上练，致良知

基础（学情薄弱），拓展题（难度适中，全体学生），提高题（学生基础好的，提升能力）。

最后，要求各教研组进行更深入的校本教研，以取得显著成效，不断提高教师的教研能力。

二纵：学校教务处负责督促各教研组落实相关教研。

一横：教研组长根据学校要求组织各组教师高质量地完成教育活动。

二横：班主任管教学（每月每班200元的教学管理费）。各班班主任根据本班的教学实际组织本班的教学工作部署会、推进会、总结会。

关于公布花溪区××××年度初中校本教研评比活动结果的通知

各公、民办中学：

为全面贯彻落实中共中央办公厅、国务院办公厅《中共中央　国务院关于深化教育教学改革全面提高义务教育质量的意见》《教育部关于加强和改进新时代基础教育教研工作的意见》《贵州省教育厅关于加强和改进新时代教研工作的实施意见》等文件精神，同时为花溪区××××年教育质量提升年做好前期准备，花溪区初中部于××××年×月×日举行了初中全学科"花溪区初中学校校本教研评比"活动，已圆满结束。

本次活动分为三个组别进行评比，全区公办初中学校17所、民办初中学校1所参与了本次活动，经过专家评委认真评选，现将比赛结果予以公布（评比结果公布名单见附件）。

花溪区研究中心

××××年×月

附：

花溪区×××年初中校本教研评比活动获奖名单（见表4-1）。

表4-1

学校类别	单位	等次
二类学校	××南溪学校	一等奖

以研促教——南溪学校"校本教研"交流展示活动

花溪区"双减"背景下"校本教研"交流展示活动主办：花溪区教育培训研究中心，承办：贵阳市花溪区南溪学校。

为有效促进义务教育教学质量的提升，聚焦"双减"政策，提高课堂教学效率，落实"减负增效"，××××年，由花溪区教育培训研究中心主办，南溪学校承办的"双减"背景下"校本教研"交流展示活动如期举行（见图4-1）。

区教育培训研究中心各学科教研员，花溪区一中、花溪三中、花溪四中、花溪五中、贵阳三十四中分管教学的负责人，以及南溪学校全体教师参加了此次活动。

活动首先由区教培中心教研员余××老师对本次活动的背景和意义做说明。他介绍了目前校本教研的真实状况、改革背景下校本教研的诞生、"双减"政策下的校本教研及花溪区××××年初中校本教研评比活动的意义，强调了此次活动的重要性和必要性。

随后，南溪学校教学副校长以"臆说：'美美与共'的南溪教育"为主题进行介绍。以一个"美"字贯穿全程，带领大家了解我校三全育人、五育并进的管理模式，重点分享教学管理"四纵三横"、教研管理"两纵两横"的创新管理模式。力争做到"美美与共"的南溪教育、人民满意的教育。

参加本次活动的各校教师通过翻阅我校校本教研工作资料、交流讨论等形式，进一步了解我校的校本教研特色。在活动过程中，我校教师和大家一起热烈交流，遇到精彩之处教师们不时地拿出手机进行记录，对我校校本教研的开展给予了充分的肯定。

图4-1

讨论结束后，区教育培训中心教研员×老师就基于"双减"政策的校本教研进行了专题培训。她围绕校本教研的基本要素、常见形式及优化方向进行了细致的讲解，强调要将合作、实践、反思贯穿校本教研的整个过程，使三者相互交融，推动校本教研的有效开展和顺利实施。

随后，区教育培训中心办公室主任赵老师对本次活动进行经验交流及总结，她从三个方面进行了分享。

一是感谢。感谢南溪学校此次活动的整个工作团队，感谢积极参加交流的各校教师，感谢参与活动的所有教研员，正是有了大家的支持，才有了本次精彩的活动。

二是感动。南溪学校是用"心"在做这件事情，精心地把他们所做的工作呈现出了最完美的一面。虽然过程是非常辛苦的，但却感受到了大家对教育教学这份工作的执着、热爱及全身心地投入。

三是希望。希望教研员要更加深入学校，指导学校在教育教学管理中实现更大的提升；各个学校也要深入思考、主动作为、相互交流、资源共享，推动教育教学质量更上新台阶。

最后她提出，教育要高质量发展，关键就在教师，而教师专业成长的关键之一就是校本教研。教师应该在工作中不断更新认识、转变观念，把校本教研真正的作用发挥出来！

在我校张老师的带领下，教师们集体参观了南溪学校校本课程劳动实践基地，在轻松愉快的环境中结束了本次交流活动。

本次活动得到了区教育培训研究中心的大力支持，以及区教育局的高度认可。

第四章　事上练，致良知

第三节　良知抉择的教师自主

　　经过走进每位教师的课堂学习，并结合学校实际，我决定打破之前每学期由学校给老师安排工作的常规模式，转变为教师根据班级学情、教师个人业务能力选择教学班级。

　　随着教育改革的深入，中小学校教师自主选课成了教育领域中的热门话题。这一举措不仅是对教师专业自主权的尊重，还是对教育质量和教学效果的关注。从"讲台良知"的角度来看，教师自主选课的目的和意义更加凸显。

　　首先，自主选课有助于提升教师的专业素养。在传统的教育模式下，教师往往需要根据学校安排的课程进行教学，这在一定程度上限制了教师的专业发展。而自主选课则允许教师根据自身的专业兴趣和特长选择课程，这不仅能够激发教师的教学热情，还能够促进教师在专业领域内深入研究，提升教师的专业素养。

　　其次，自主选课有利于培养学生的综合素质。教师作为学生成长过程中的重要引导者，其选择的课程直接影响着学生的知识结构和综合素质。自主选课能够使教师更加关注学生的个性化需求，根据学生的兴趣和特长进行有针对性的教学，培养学生的综合素质，促进学生的全面发展。

　　再次，自主选课还有助于实现教育公平。在传统的教育模式下，一些优质课程往往集中在某些学校或地区，这使得教育资源分配不均，影响了教育公平。而自主选课能够使教师和学生有更多的机会接触到多样化的课程，促进教育资源的均衡分配，实现教育公平。

　　最后，自主选课是教师"讲台良知"的体现。作为教师，不仅需要传授知识，还需要关注学生的成长和发展。自主选课能够使教师更加关注学生的个性化需求，从学生的角度出发，选择最适合的课程进行教学。这不仅能够提高教学效果，还是教师"讲台良知"的体现。为此，我制订了我校的教学质量提升实施方案、考核方案。

南溪学校教学质量提升实施方案

中小学校教师自主选课的目的和意义重大。它不仅能够提升教师的专业素养，培养学生的综合素质，实现教育公平，更是教师"良知"的体现。因此，我校实行教师自主选课制度，使我校在教育改革中发挥更大的作用。

教学质量是学校的立足之本，是学校持续健康发展的生命线。为更新教育理念，改进教学方法，促进教学常规管理的规范化、体系化、常态化，推动我校教学工作有序运行和协调发展，为实现我校教学质量提升，特制订本实施方案。

（一）指导思想

深入贯彻落实科学发展观，全面贯彻落实党的教育方针，全面实施素质教育，扎实推进课程改革，培养学生创新精神和实践能力，促进教师专业发展，提高学校软实力和发展后劲，全面提高教育教学质量，办人民满意的学校。

（二）任务目标

（1）大力推进素质教育，加强常规教学管理，稳步提高教学质量。

（2）推进课程改革，强化课程管理，充分注重对学生文化基本功和基本技能的培养，发展学生个性，促进学生全面发展。

（三）领导小组

组长：××。

副组长：××。

成员：学校班子成员。

（四）主要内容和措施

1. 进一步完善教学管理制度

（1）结合学校实际情况，科学制定切实可行的教学管理制度，用制度全方位、全过程管理教学。

（2）严格执行教学管理制度，将制度贯彻落实到每一位教师，抓好制度的落实。

（3）在制定和运用过程中，逐步健全、完善教学管理制度，探索出适用性、可操作性强的管理办法，不断提高学校教学管理水平。

（4）严格考评教学管理制度的执行情况，强化教学质量的监控，实行教学质量责任制管理，明确教学质量具体责任分工，建立激励机制，公平、客观地运用考评结果，充分调动全体教职工的工作积极性，促进教学工作全面提高。

2. 进一步加强教学常规管理工作

（1）开齐、开足、开好课程。严格按照课程计划，开齐科目、开足课时、开好课程，加强校本课程、综合实践课程等的开发与管理。

（2）狠抓教学常规管理，规范课堂教学，创新教学方法，在提高课堂教学效率上下功夫。

① 备课：严把备课关，注重备课质量，加大对备课的过程性督查，杜绝应付备课和突击备课。教师应做到：备好课标、备好教材、备好教学手段、备好教法、备好学法；吃透重点、难点、知识点、教学点、能力点；优化教师的教法和学生的学法。

② 授课：严把课堂教学关，向课堂教学要质量。教师应做到教学目标明确、具体；教学内容设计合理，符合学生实际，容易被学生所接受，在向学生传授知识的同时，注重对学生能力的培养和德育的渗透；教学过程安排要井然有序，充分调动学生的学习积极性，恰当设疑，引发思考，鼓励为主，营造和谐的学习氛围；教学方法手段要灵活、适用，适时有效，注重学生学习方法的传授和指导，充分利用直观的、现代化的教学手段调动学生主动参与；教师语言要规范、文明、准确、简练严密、清晰易懂，教态要端庄自然，富于激情；教学效果要明显，课堂教学气氛要活跃，学生基本能够理解和掌握当堂所学知识，不同层次的学生都有所收获，达到拟定的教学目标。

③ 作业批改：严格做到作业内容要精选，作业要求要严格，处理要及时，批阅要规范，批阅量要足额。同时做好作业的讲评，讲评要细致到位。

④ 辅导：辅导要耐心、细心、热心、诚心，积极采取"抓两头促中

间"，注重后进生和学困生的辅导和提高。

⑤ 练习：要采取多元化、多层次、内容丰富的练习方式，恰当、科学地设计练习，注重练习的有效性。

（3）加强听课、评课工作。无论是学校领导还是教师都要听、评课。听课做到有记录、有评析。所听的课要全部进行评课，以提高全校教师的课堂教学水平和教研能力。

3. 扎实开展教学活动，用活动推动教学

（1）扎实开展好校内研讨课、观摩课、公开课、示范课、教学讲座等教学活动。学校领导要深入其中并组织教师做好听课、评课和导课，注重活动的质量，充分体现活动的效果。通过活动让教师全员互动，主动参与，相互学习，共同提高教学水平，促进教学能力和质量的提高。

（2）把教学活动与教学常规检查相结合，以检评为载体，充分调动教师的积极性，使广大教师在活动中提高教学水平，促进教学质量的提升。

4. 强化校本培训工作、健全教研组工作制度

（1）结合实际，制订科学的、可操作性强的教师培训和校本培训方案，明确培训目标和任务，扎实做好校本开发、校本教研、校本培训工作，有目的按步骤地组织开展教师培训工作，全面提高教师的整体素质。

（2）根据本校实际，组织开展校本集中培训，把重点放在提升教师专业水平和自身素质的培训和教研活动上。

（3）健全教研组工作制度，规范校本教研活动，将校本教研落到实处，使其成为老师成长的快捷途径。

5. 进一步建立完善教学评价制度、教学质量考核制度

（1）加强各学科质量验收工作。每次考试过后，由班主任组织每位教师针对试卷情况进行分析，召开质量分析会，通报数据，明白位次。分析会上，成绩优秀者说经验，落后者找原因，制定整改措施，学校领导跟踪巡视，确保教学质量稳步提升。

（2）建立健全教学常规管理的各项有效的制度，规范教学行为，寻求提高教学质量的有效管理方法。

（3）通过教学质量考核制度的建立完善，将提高教师的教学水平，并促进学校的发展。

（五）具体措施

（1）教务处公示南溪学校工作量折算办法及近五年来所有统考科目的区排名平均分，得出各年级、各学科五年来的平均排名、平均分，以此制定出相应年级、班级的学科目标成绩；采取横比、纵比、自己与自己比的方式。

（2）所有教师可根据自身实际选择任教学科、年级以及是否担任班主任。

（3）学校将根据教师的意愿及教学、德育工作表现，决定聘任班主任。

（4）所选班主任可根据本班教学工作选择各科的任课教师。

（5）若有教师轮空，工作量未满的可自愿向学校申请，由学校协调安排，可进相关处室听课（每周10节以上）、学习（帮带）。

总之，提高教学质量，创办人民满意的学校是我们的责任和义务，我们将在上级领导的正确指导下，在全体教师的共同努力下，同心同德，凝心聚力，突出教学的中心位置，真抓实干，稳定提高我校的教学质量。

（六）解决我们"在哪儿—去哪儿—怎么去"的问题

（1）质量分析，如图4-2所示。

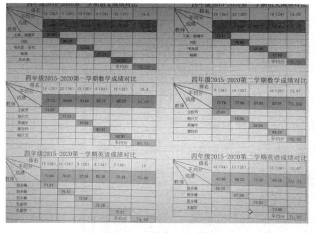

图4-2

（2）教师自愿申请统计，如图4-3所示。

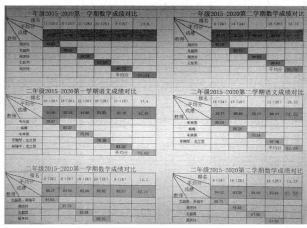

图4-3

南溪学校教学质量考核制度

为了进一步深化学校管理，落实责任，增强教师质量意识，调动教师教学积极性，不断提高学校教育教学质量，实现奖优罚劣，给教师创设一个公平竞争的平台，使学校管理更加科学化、规范化，本着奖罚分明，重奖轻罚的原则，特制定南溪学校教学质量考核制度。

（一）考核依据

统考科目依据我区统考成绩，以全区同类学校、同类学科的单科平均分、单科全区排名情况为依据，以任课教师所带班级学生考试成绩和全区的同类班级、同类学科成绩作对比，根据指标完成情况对任课教师个人进行考核。

非统考科目依据教育局安排、学校委派参加的各类竞赛中学生获奖情况，按区、市、省、国家分别进行奖励。同类奖项不进行累计，取最高奖项。奖项以一等奖、二等奖、三等奖为主，其他奖项不予考虑。

（二）考核制度

1. 基础分值

凡单科平均分或单科全区排名达到指标完成教学任务的老师，得到基础分5分；没有达到指标但完成教学任务的老师，仍可得到5分基础分，但不参与年度的评优、评先。

2. 加分设置

（1）统考科目教学成绩加分。以年级为单位，1～9年级统考科目按每学期期末统考区排名的中间排名为基数，或该学期该年级该科目的区统考或市统考的平均分为基数。以下几种情况拟给予奖励。

① 按每学期期末统考区排名的中间排名为基数的情况：

小学1～3年级，每上升一个名次，奖励1分，两学期进行叠加；

小学4～6年级，每上升一个名次，奖励2分，两学期进行叠加；

初中7～8年级，每上升一个名次，奖励3分，两学期进行叠加；

初中9年级第一学期，每上升一个名次，奖励3分；第二学期实行班级捆绑制，以近5年来考上花溪区普通高中最低控制线的学生人数的平均值为基数，每增加一名，初三所有科目教师共同增加16分，这16分按照成绩排名，分配给各任课老师。

②若名次达不到或是在中间位次，可根据自己科目的平均分与该学期的区平均分进行比较：

小学1～3年级，每进步1分，奖励1分，两学期进行叠加；

小学4～6年级，每进步1分，奖励2分，两学期进行叠加；

初中7～9年级，每进步1分，奖励3分，两学期进行叠加。

这两种情况以积分最高的方式计算，不进行累计，一人担任多个年级或多个学科的分数可累计。

（2）非统考科目教学成绩加分。

教育局安排、学校委派参加的各类竞赛中学生或团体获奖按县级一等奖、二等奖、三等奖分别加1分、2分、3分；市级一等奖、二等奖、三等奖分别加2分、3分、4分；省、国家级一等奖、二等奖、三等奖分别加3分、4分、5分；不同学生、不同团体的不同类奖项可以进行累计，同类奖项不进行累计，取最高奖项。奖项以一等奖、二等奖、三等奖为主，其他奖项不予考虑。

（三）其他说明

初三教师享受优先评优、评先，评、聘高一级职称、岗位。

达不到指标的教师，当年内不能评优、评先，不得评、聘高一级职称、岗位；连续两年达不到指标的教师，3年内不能评优、评先，不得评、聘高一级职称、岗位；连续三年达不到指标的教师5年内不能评优、评先，不得评、聘高一级职称、岗位。

（四）毕业班体质进位

"一校一册，一生一案。""一校一册"，顾名思义，就是指学校根据学生实际、学情、教育资源配备等实际情况，因地制宜制订学校工作方案。意义就是要让学校根据实际情况进行提升、进位。

"一生一案"，是指学校班主任和各科任课老师以及家长根据孩子的学习兴趣和自身特点，通过集体谈话、个别谈话和日常观察，为每个孩子量身定制符合其实际特色的学习方案，让每一个孩子的天赋和爱好都能得到发展。

没有目标，就不会努力，因为不知道为什么要努力。就像大海中的航船，如果不知道靠岸码头在哪里，加油又有什么用？没有目标，就会同时失去机遇、运气、别人的支持。因为不知道自己到底想要什么，也就没有什么能帮得了他，就像大海中的航船，如果不知道靠岸的码头在哪里，也就不明确什么风对它来讲是顺风。

哈佛大学有一个非常著名的关于目标对人生影响的跟踪调查，其调查对象是一群智力、学历、环境等条件都差不多的年轻人。调查结果发现：

27%的人，没有目标；

60%的人，目标模糊；

10%的人，有清晰但比较短期的目标；

3%的人，有清晰且长期的目标。

25年的跟踪研究发现，他们的生活状况及分布现象十分有意思。

那些占3%者，25年来几乎都不曾更改过自己的人生目标。25年来他们都朝着同一个方向不懈地努力。25年后，他们几乎都成了社会各界的顶尖成功人士，他们中不乏白手创业者、行业领袖、社会精英。

那些占10%的有清晰短期目标者，大多生活在社会的中上层。他们的共同特点是，那些短期目标不断被达成，生活状态稳步上升，成为各行各业不可或缺的专业人士，如医生、律师、工程师、高级主管等。其中占60%的模糊目标者，几乎都生活在社会的中下层面，他们能安稳地生活与工作，但都没有什么特别的成绩。剩下27%的是那些25年来都没有目标的人群，他们几乎都生活在社会的底层。他们的生活很不如意，常常失业，靠社会救济，并且常常在抱怨他人、抱怨社会、抱怨世界。

调查者因此得出结论：目标对人生有巨大的导向性作用。成功，开始时仅仅是自己的一个选择。一个人选择什么样的目标，就会有什么样的成就，有什么样的人生。

今天的生活状态不由今天所决定，它是过去生活目标的结果；明天的生活状态不由未来决定，它将是今天生活目标的结果。目标是行动的导航灯。

目标的威力就是：①给人的行为设定明确的方向，使人充分了解自己每一个行为的目的。②使自己知道什么是最重要的事情，有助于合理安排时间。③使人未雨绸缪，把握今天。④使人能清晰地评估每一个行为的进展，正面检讨每一个行为的效率。⑤使人能把重点从工作本身转移到工作成果上来。⑥使人在没有得到结果之前就能"看"到结果，从而产生持续的信心、热情与动力。

精心选择与设定"学习"，学习自己不懂的，做自己做不好的。一旦已经学会了某个东西，就不应该继续在上面花时间，应该立即转入下一个难度。有效的练习任务必须精确地在受训者的学习区内进行，具有高度的针对性。

学习状态所处的三个区域：①舒适区——已经熟练掌握的各种技能，处在舒适区的学员没有学习意愿；②学习区——只有处在学习区里的学员有学习动机，有效的练习任务必须精确地在受训者的学习区内进行，具有高度的针对性；③恐慌区——暂时无法学会的技能。

南溪学校2023年毕业班教育提质进位工作实施方案

（一）指导思想

本着"以人为本，教育为基"的教学理念，面向全体学生，推进我校教育高质量发展，办人民满意的教育。结合激励机制，集中学校优秀教师资源，让想干事、能干事的教师充分发挥潜能，更好地服务于学生，结合学校实际，制订本方案。

（二）基本情况

我校毕业班现有198人，其中六年级两个教学班共99人，九年级两个教学班共99人。

（三）组织领导

1. 成立毕业班工作领导小组

组长：××。

副组长：××。

组员：××。

2. 职责分工

组长职责：负责开展毕业班的全面工作，做好小组人员的思想稳定工作

和落实学校奖惩制度。经常深入课堂听课，及时评课和指导。

副组长职责：制订工作方案，负责每月定期召开领导小组成员会议，督促毕业班具体工作的开展和实施，深入师生了解情况，及时进行调控，为教师树立标杆，经常深入课堂听课，及时评课和指导。

组员职责：教务处负责每月定期召开全体九年级教师会议，及时研究和解决毕业班备考中存在的问题，使毕业班工作顺利进行，经常深入课堂听课，及时评课和指导。

班主任：做好学生思想工作和备考气氛的调节工作，完成中考必须做的相关事情，帮助学生树立小学毕业考、中考必胜的信念。

科任教师：认真完成教学任务，抓好培优辅差工作和学校安排的毕业班教学工作。

成员：做好毕业班教育教学配合工作。

（四）实施细则

1. 班级管理

为了更好地帮助学生提高成绩，开展好分层教学，我校拟在12月初将原有的九年级2个班调整为3个班。提质班，30人；进位班，40人；强基班，29人。

六年级班级数不变。

2. 师资配备

毕业班教师和岗位一律采用自愿应聘原则，一人可申请多岗。教师原则上必须申请原岗，学校根据实际工作和目标定位进行调整。

3. 确定奋斗目标

（1）小学。

六年级总成绩目标。所有学科学生成绩的平均分要提升到花溪区前37名。

六年级单科成绩目标。单科成绩平均分达到花溪区前30名。

（2）初中。

九年级总成绩目标：

① 提质班所有学生的成绩要达到花溪区高中第一批次录取分数线（2022年517分）16分以上。各科平均分：语文（118分）、数学（117

分）、英语（65分）、物理（65分）、化学（44分）、道法（53分）、历史（46分）、体育（49分）。

② 进位班所有学生的成绩要达到花溪区第二批次录取分数线（469分）以上。各科平均分：语文（105分）、数学（91分）、英语（41分）、物理（51分）、化学（38分）、道法（47分）、历史（41分）、体育（48分）。

③ 强基班所有学生的成绩要达到300分以上。各科平均分：语文（83分）、数学（65分）、英语（36分）、物理（38分）、化学（25分）、道法（38分）、历史（30分）、体育（48分）。

九年级单科成绩目标：

① 中考计入总分的科目，单科平均分要高于B类同等学校同学科8分。

② 中考计入等级的科目，B等成绩以上学生达到85%。

4. 教师教学管理

（1）加强毕业班整体情况和学科具体情况分析，做到"一班一策""一生一案""一科一措施"；做好临界生、偏科生、弱科生和培优辅差等工作，力争使后进生转化为中等生，中等生转化为优秀生。

（2）认真研究中考试题，组织教师开展改进复习授课方法、答题方法与技巧、专题复习策略等专项研讨活动，指导教师提高复习效率。

（3）强化复习监测和教学指导，提高教学效率，做到尖优生拔高度、中等生保基础、学困生降难度，有效提高中考优分率和平均分，降低低分率。

（4）做好教师、学生、家长备考动员工作，实现信息互通，资源共享，家、校、师、生内外联动，团队协作，群策群力，争创佳绩。

5. 学生心理管理

（1）学校领导不定期对毕业班学生开展思想动员、励志教育工作，勉励学生树立自己的人生目标。

（2）班主任经常开展生活教育、心理辅导、家校沟通等工作。

（3）科任教师要多与学生沟通，充分了解学生的思想动向，开展积极引导，根据学生的情况因材施教。

（五）工作核算

工作量采用叠加方式。工作原则以毕业班为主，如申请初三岗位后，工作量过大，可适当放弃初三以外的其他工作量。

（六）奖惩机制

奖惩按照学科特征和所作贡献进行。

小学：达到区排名目标，排名每上升一名，奖励100元。

初中：语数外达目标，奖励1000元；物理达目标，奖励900元；化学达目标，奖励600；历史达目标，奖励600元；道法达目标，奖励700元；音、美、信达到目标，奖励300元；体育达目标，奖励500元。

惩罚机制。未达到目标，在个人绩效中扣除10元，累计计算。

（七）实施流程

（1）召开行政会，商讨九年级分班工作；全校初中教师自愿申请班主任（提质班、进位班、强基班）、任课教师。

（2）组织召开教师会，制定目标（根据学情、平时成绩、近三年学校中考情况），签订目标责任书。

（3）各班主任组织所有任课教师根据每个学生实际情况，制定"一生一案"。

（4）家校联动，组织召开家长会。

（5）结合学生实际情况分班。

（八）实施保障

（1）为有效落实好我校毕业班各项工作，确保目标达成，学校举全校之力配合毕业班的教学管理工作。

（2）涉及毕业班工作的各位教师必须认真对待，严格落实好教育教学工作。

（3）财务管理员做好奖金的统筹与发放。

（4）总务处做好毕业班教学后勤服务工作，确保工作正常、有序开展。

2023年9月6日

附:

20××届九年级教学质量分析

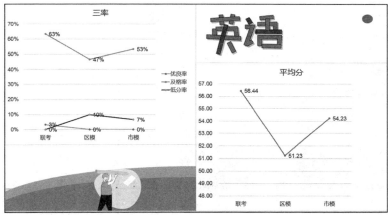

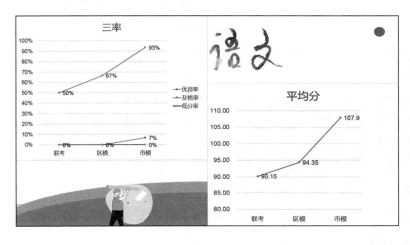

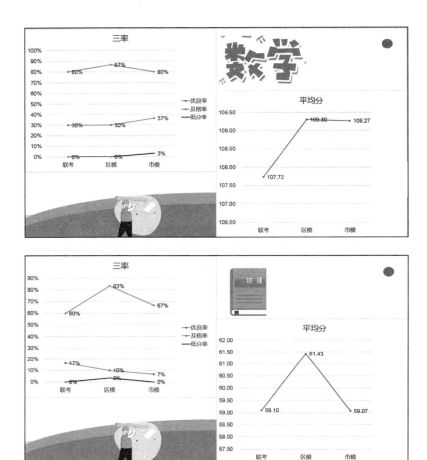

图4-4

奖励依据

南溪学校20××届毕业班教育提质进位工作方案经费预算如表4-2所示。

表4-2

中学			小学		
科目	总分	奖励金额（元）	科目	题量	奖励金额（元）
语文	150	1000	语文	25	600
数学	150	1000	数学	26	600
英语	150	1000	英语	14	300
道德与法治	70	700	道德与法治	13	300

中学			小学		
科目	总分	奖励金额（元）	科目	题量	奖励金额（元）
物理	90	900	科学	14	300
化学	60	600	综合实践	7	300
地理	等级	300	习作素养	20	200
生物	等级	300	音乐	14	300
音乐	等级	300	美术	15	300
美术	等级	300	信息技术	10	300
信息技术	等级	300	体育	13	300
体育	50	500	合计		3800
合计		7200			

制定"一生一案"

第四章 事上练，致良知

图4-5

高质量发展，高标准提质

为进一步做好我校教育教学工作，推动教学高质量发展，落实好市、区提质进位工作精神，花溪区南溪学校立足学校实际，采取系列措施促教育提质进位。

（一）学校高度重视

组织全体教师召开提质进位工作会议，学习市、区提质进位工作精神和工作要求，明确发展目标，并落实到人。

（二）做到"四个精准"

结合学校、学生实际，通过师生"四个精准"为学生量身制定"一生一案"。

1. 学生方面

精准定位：学生通过自主分析、教师辅导的方式，精准定位自己的水平和目标方向。

精准质疑：学生在学习过程中学会提出疑问，有自己的思辨，并寻找适合自己的方式解决学习问题。

精准记录：学生在教师指导下学会记录，发现自己的问题与不足，并有针对性地解决和提高。

精准制定：学生在教师指导下，精准制定适合自己的"一生一案"，并严格执行。

2. 教师方面

精准研判：科任教师结合学科特性和学生认知水平，对学生的目标定位、达到的高度有自己的研判与指导。

精准答疑：教师对学生学习过程中存在的疑问要做到及时、有效、精准答疑解惑。

精准提议：教师对学生学习习惯的养成、学习方式的引导要做到精准提议。

精准落实：教师对教育教学中的考点、知识点要做到通透化，知识教学要有针对性地精准落实到学生。

3. 落实到位

学校与任课教师签订目标责任书，明确师生目标任务，以确保提质进位工作落实到位、执行到位。

认真剖析问题，指明努力方向
——学校市模考质量分析会

为总结教学工作，推动教学质量稳步上升，提高教师教育教学水平，增强学生各学科核心素养，认真剖析问题，为今后教学指明方向，20××年

××月××日，我校组织召开了初三年级市模考质量分析会。校领导班子及初三各班班主任和科任老师参加了会议，教务主任主持了本次会议。

会上，初三各科科任老师就本次市模考的试题结构、学生答题、得分情况、不足之处、改进措施等多方面进行了热烈的探讨。

教务主任将2023届本次市模成绩转化成中考各科分数与2022届、2023届平均分、及格率、低分率进行了对比分析，找出差距和存在的不足，请老师们在下一步教学中找出改进措施。以2022届、2023届第一批次、第二批次、第三批次的平均分作为参照，对本届提出目标要求。

教学副校长就下一步工作中的课堂教学提出了一些建议：

（1）提高优秀生。对于优秀生，除了课堂教学外，还要有针对性地布置一些课外作业，引导他们自学，解答他们的疑难问题，让他们向更高层次发展。

（2）抓学困生。对于学习薄弱生，要采取低起点、小步子、勤纠正的训练方法，及时肯定他们的每一点进步，鼓励他们战胜学习上的困难，指导他们改进学习方法。通过抓两头来激发中间学生奋起直追，促进全体学生共同进步。

（3）结合学校、学生实际情况，让教师尽量采用自主课堂进行教学。

（4）要求班主任组织科任教师和学生制定"一生一案"，并强调方案制订后要督促方案的落实。

高标准要求，高标准定位，推动高质量发展
——南溪学校教育教学质量分析会

为推动我校教育教学高质量发展，深入落实国家"双减"政策，进一步推动课堂教学改革，提高课堂教学效率，有效减轻学生学业负担，提高高中阶段教育入学率，提高我校教育教学知名度、影响力，2022年11月18日下午，我校组织全体教师召开了南溪学校高质量发展教育教学质量分析会暨教学常规检查反馈会，如图4-6所示。

图4-6

　　教育教学质量分析会上，学校教学副校长结合我校往年教育教学实际情况，从学校往届中考成绩质量统计、各年级上学期与下学期各学科考试成绩对比、历届下学期成绩对比总图三方面入手，对各届毕业班和各年级教师教学质量情况做横向分析和纵向分析，如图4-7所示。

图4-7

  在横向分析中，通过平均分、及格率、优分率、低分率、目标定位的讲解，全体教师一目了然、清楚地看到了自己存在的不足和与同年级不同级别的差距；在纵向分析中，通过平均分、及格率、优分率、低分率、教学质量目标导向等数据对比，教师们均能看到自己的教学质量、教学成果及改进之处。

  质量分析会后，南溪学校党支部书记就××××届初中毕业生及各年级教育教学工作做出新的部署，要求教师们务必要以高标准要求自己，高效率提高教学，为推动我校教育教学高质量发展谱写新的篇章。

第四节　花开的课堂良知

一、主题讲座

讲座"做创新型教师培养创新型人才"由姜树斌主讲，他给教师们分享了为什么做创新型教师、怎样成为创新型教师。除此之外，还分享了培养学生创新思维能力的案例分析，使得各位成员收获良多。

信息技术助力自主课堂，希沃讲师给全体教师带来耳目一新的体验，讲座主要给教师详细介绍希沃白板的各种使用方法。为了进一步巩固，主讲老师组织大家进行实操，答疑解惑。

为进一步了解学生情况，周×婷老师受邀给各位教师分享了八年级两个班的学情，详细分析了学生学习情况。由于大多数教师都是初次接触自主课堂，所以外出学习且经验丰富的杨×、邹××两位老师给大家分享了两个主题讲座，分别是"自主课堂学习小组的建设"以及"自主学习单的编写"。

最后姜树斌以主题讲座"从'教导变'转变"，再次强调现在的教育一定要变，尤其是教师的观念一定要发生转变。

二、交流

为加强教师之间的交流，促进教师业务水平的提高，将教师分成不同的小组，不定期进行小组交流会，交流近段时间的问题与所得。姜树斌组织了所有组员对课题组开展以来出现的问题以及好的解决办法进行交流。自主课堂开展取得成果的教师负责答疑。通过这种方式的交流，各组员成长飞快。

三、示范课及教师技能大赛

实践是检验真理的唯一标准，2018年3月，姜树斌组织杨×、卢××两

位老师上示范课。从示范课可以看出两位老师努力地改变，她们的改变使得学生不论是在知识还是在能力上都得到极大的提升。2019年5月，为让更多的老师认识自主课堂且意识到自主课堂的优势，由学校牵头组织教师技能大赛。此次大赛不仅使参赛教师得到锻炼提升，也影响了一些老教师和新进教师。

四、成果推广讲座

为扩大课题的影响力，由学校领导班子辐射各教研组。通过一个学期的主题教研，学校的每位老师都不断讨论着自主课堂带来的改变，迫不及待地想要分享自己的心得体会，故学校利用2018年暑期培训给各位老师提供了畅所欲言的平台。

五、问卷调查及分析

学校学情问卷调查，参加班级有二年级（1）班、八年级（1）班，三、四、五、七、九年级各两个班，实际参与学生348人。以下是学生的大体情况分析。

（一）学生的学习方式

学生上课时自我表现欲望强，希望得到认可，对于单纯的传统教学不太喜欢，喜欢自主学习。

（二）学生课堂喜欢的方式

从第二个问题中可以看出，学生大多数人喜欢小组学习，尤其是合作探究。

（三）学生课堂学习上问题解决的途径

学生处在一个集体中，班级中每个人的层次和水平是不同的，同学对学习当中碰到的问题更喜欢通过与同学之间进行交流来处理，但层次较高的同学则喜欢自己独立思考。

（四）学生学习态度

总体来看，在课堂上，学生的学习态度是相当认真的，他们认真观察、积极思考。在课堂学习中，主动学习、积极参与的学生的比例较高。

调查结论：学生有想学好知识的良好意愿，学生有进行自我学习的习惯。学生有着无限的智慧，他们的创造能力有待于我们在教学中加以重视和深入挖掘。大部分学生学习态度端正，有较好的学习习惯。大多数学生上课时能专心致志地学习，认真听老师讲课，做好笔记，积极回答老师的问题，自我学习能力较强。在上课时也有一些学生不认真听讲，学困生存在一定的比例。要想提高好整体的成绩就不能放弃对学困生的关注和指导。要从总体上提高成绩就要调动全体学生的学习兴趣，采用多种教学方式来吸引学生，要尊重学生的观点和意见，提高课堂教学的效率。

由于学生性格差异及学习品质不同，有些学生在活动中不积极参与，坐享其成，使自主、合作学习成为部分学生的任务，达不到促进全体参与的目的，这是我们教学中碰到的一个难题，要多想些办法来调动学生参与课堂的学习。故教师要转变教学方式、方法，转变传统教学观念，深入进行新课程改革，与时俱进，积极探索新形势下教育教学改革，提高自我教书育人的水平和素养，提高个人业务能力，以更好地胜任教育工作。

六、研究的措施

（一）建立保障机制，营造科研氛围

1. 人员保障

我校对于课题研究十分重视，课题组成员由校长、教科主任、年级组长、骨干教师等组成，年龄结构合理，既有朝气蓬勃、冲劲十足的年轻教师，又有经验丰富、沉着老练的老教师，他们都具有良好的科研意识，研究能力强。同时，这些老师具备良好的师德师风、强烈的敬业精神和奉献精神，在他们的通力合作下，定能完成研究任务，达到预期的效果。

2. 制度保障

课题组加强课题研究的过程管理和指导，制定科学、合理的理论学习制度、岗位责任制度，明确课题组成员的分工。

3. 经费保障

我校投入大量必要的研究资金以确保研究活动的正常开展、各种现代设施设备的添置、成果推广等。同时提供充裕的研究时间，保证课题研究的顺利开展和深入实施，确保研究活动的正常化、经常化、制度化和规范化。

（二）重视实践研究、丰富研究过程

1. 课题研究细致化

我们将课题进行细化展开，由小组长负责二级子课题的研究，每组老师研究的方向都不一样，各有针对性，避免重复。

2. 理论学习针对性

在课题研究过程中，我们充分重视教师教学思想、教学观念的更新，组织教师培训、学习。平时，采用文献资料法，通过自学和集体学习的形式，学习与课题有关的理论知识。我们还聘请希沃讲师对教师进行希沃白板的使用培训，促使每位组员都能熟练地掌握多媒体课件的制作和运用。

3. 实践研讨常规化

为了使课题研究在教学实践中得到充分落实，使课题研究规范而深入地开展，我们将各种活动常态化管理。每周的信息化培训、各种比赛都丰富着每位成员的教学。

（三）注重反思总结，提高科研成果

在本课题研究过程中，我们十分重视研究成果总结，每位课题组人员每学期围绕自己的子课题撰写学习笔记。教师在研究中学习，在学习中研究，互帮互学蔚然成风。

附：

"教—导—变"的体验和探索

2020年12月15日，南溪学校姜树斌校长在我校落实自主课堂工作，针对"从教到导的认识转变"相关体验和探索做了分享。

首先，姜校长说："变"成为常态，环境变，理念也要变。以前师范生的老三篇——讲普通话、写规范字、画简笔画，和新时代老师的用计算机、用微信、混合式教学相比，输在"看不见、看不起、看不懂和来不及"，所以我们要在特别时间节点创新。练习"课件怎么改、工具怎么用、作业怎么批、微课怎么做"，势在必行。

其次，我们做这些改变的时候也要注意相关理论的支持。通过启发式、探究式、讨论式、参与式等多种方式有效实施教学；引发中学生独立思考和主动探究，发展学生创新能力；发挥小学生主体性，灵活运用启发式、探究式、参与式等教学方式。真正落实自主课堂教学模式，做到有意义、有意思。

然后，姜校长带领大家学习了文件——中共中央、国务院印发的《深化新时代教育评价改革总体方案》，如图4-8所示。

图4-8

（一）总体要求

改革目标：经过5～10年的努力，各级各类学校立德树人落实机制更加完善，引导教师潜心育人的评价制度更加健全，促进学生全面发展的评价办法更加多元，社会选人用人的方式更加科学。基本形成富有时代特征、彰显中国特色、体现世界水平的教育评价体系。

（二）重点任务

改进中小学校评价。义务教育学校重点评价促进学生全面发展、保障学生平等权益、引领教师专业发展、提升教育教学水平、营造和谐育人环境、建设现代学校制度以及学业负担、社会满意度等情况。

最后，姜校长和大家分享了两段话，希望大家有所感悟。"如果你每个星期都在做差不多的事情，那么一年以后你还是一年前的你，只是老了一岁。""在即将步入'十四五'，展望2035之际，坚持立德树人，为党育人，为国育才，我们要以时不我待的使命感为实现教育现代化添砖加瓦，做最好的自己，从平凡的教育岗位做起，从认真上好每一堂课做起，从真心关爱每一名学生做起。"

讲座后，办公室主任针对后续阶段的工作做了详细安排。

寒风凛冽，但会议室里课题组的老师们却未觉寒冷，听了讲座后，每个人都对自己的课堂有了更加清晰的规划和设计，跃跃欲试的模样让我们对南溪学校自主课堂的实施更加充满期待。相信在学校领导和课题组的带领下，南溪学校自主课堂的创新实践会更加完善，教育教学成效也会更加显著。

南溪学校课题自主课堂实践与探究成果展示暨教学技能大赛

为了落实贵阳市高效课堂标准，提升课堂教学效率，提高教育教学质量，以昂扬奋进、真抓实干的姿态，喜迎建党100周年，南溪学校开展了深入探究花溪区区级课题"贵阳市农村中小学自主课堂的实践与探究：以南溪学校为例"的成果展示活动，以提高教师专业化发展水平。2021年5月17—21日，南溪学校在党支部的带领和指导下，举办南溪学校自主课堂实践与探究成果展示暨教学技能大赛。

我校教师及新教师全员参加，其余教师自愿报名参赛，最终共有22名教师参加此次活动，其中，卢×鲜、杨×梅、刘×妍三位老师参加汇报课。

参赛选手中既有这两年刚走上讲台的青年教师，也有参加工作十余载的中年教师。他们认真研读自身科目的课程标准，结合学生的年龄、性格、知识储备方面的特点，精心准备课程内容。根据自主课堂相关要领设计教学环节，从激发学生学习的主动性入手，既注重知识传授，又关注学生的个性发展，培养学生自主探索、自主讨论、自主总结分享汇报的能力，为我校自主课堂的实践和探索提供了丰富的经验。

三位教师的成果展示课更是让我们看到了自主课堂在不同阶段的不同成效。

首先是杨×梅老师，授课内容为六年级语文阅读课《金色的鱼钩》。在这堂课中，杨老师以小组为单位，在前期学生预习全文的基础上，分组安排学习任务：说说老班长是个什么样的人？你是从哪里看出来的？学生经过小组讨论、依次发言和总结得出结论，选出代表上台进行展示，并将关键词进行板书。在这堂课上，我们看到每一个学生都积极参与讨论和发言（见图4-9），都能落落大方地进行展示和评价，充分体现了学生的主体地位，将课堂还给了学生。最后，老师以视频的方式进行情感教育，让整个课堂气氛到达顶峰。

图4-9

接着是卢×鲜老师，授课内容为九年级一元二次函数复习。课堂中，卢老师大胆颠覆传统复习课"师讲生记"的方式，将复习和整合知识的任务交到学生手上，以小组互助、优等生带动后进生的方式完成教学目标。不仅锻炼了学生沟通交流的能力，也能充分发挥优等生的带动作用，还培养了学生团结协作的能力，一举多得。在之后的学生展示和讲解环节中，虽然不是每个人都能流畅地表达，但大部分学生能完成本组的成果展示，让我们看到了他们后续的进步和发展新的希望（见图4-10）。

图4-10

　　最后是刘×妍老师，授课内容为七年级植物的三大生理作用。作为我校的青年教师之一，刘老师不仅探索了自主课堂的实施，还在里面添加了学科信息化的内容，以小组为单位，利用计算机及网页进行虚拟实验的学习和探索。听课的老师们对这项技术的应用也非常感兴趣,纷纷以学生的心态加入小组的学习中,体验了一把自己做生物实验的乐趣。学生的表现也可圈可点,不仅积极参与到虚拟实验的过程中,还合理分配了操作员、记录员、讲解员等,充分体现了小组的构架作用(见图4-11)。

图4-11

下午,姜树斌副校长组织全体课题组成员召开了成果汇报课评课活动。老师们畅所欲言,针对自己听课的感受进行阐述,总结出每位老师的3条优点和3条不足,并说出自己的收获。大家纷纷表示,要从此次的活动中广泛吸取优秀教师的经验,反思自己的不足,进而改进今后的教学(见图4-12)。

图4-12

　　最后，在全体教师会议上，姜树斌副校长对此次活动进行了总结。对三名授课教师的成果汇报进行点评和总结。他指出：自主课堂的主体是学生，我们要将课堂逐渐还给学生，实现从教到导的转变。我们必须以本次教学技能大赛为契机，总结经验，取长补短，结合本校实际，不断丰富教育教学活动载体，以灵活多样的形式，扎实开展好我校自主课堂的实践探究工作，全力提升广大教师的业务能力和水平，积极为我校教育事业的持续健康发展做出贡献！（见图4-13）

图4-13

自主、自信、快乐

——做学生喜欢的南溪教育

2020年11月,国培计划(2020)——中小学校长及专家莅临我校指导(见图4-14)。

图4-14

首先,姜树斌校长带着两位专家深入课堂。我校的自主课堂教学模式得到了专家的认可。其中杨老师的课堂被专家评论为"难得一见的好课堂",真正落实自主课堂教学模式,做到有意义、有意思。

其次,我校党支部书记、校长从对学生德智体美劳的培养方式及"四有三者"教师队伍建设、培养等方面进行了详细讲解,让专家对我校有了初步的认识,而他们的教育情怀更是让专家动容。

最后,姜树斌校长就我校的德育(团队+思教"别动队"+三全育人)、教学(教务处+教科+班主任+校本课程)、家校共建(家委会+家长会)及教师培养(学校引导培养+教师个人定位)四个方面的工作与专家进行交流。专家认为学生自主(课堂+参与学校管理)、教师自主(教师自主选择工作岗位)、自主课堂(教师由"教"到"导")的方式在花溪区乃至整个贵阳市都是超前的探索实践。且我校不仅在做学生"智"的发展,还在培养学生各方面的能力，为其成为合格公民奠定扎实基础。

国培计划（2020）的所有中小学校长及两位专家一行，对我校的办学理念、教育特色、办学方向、取得的成绩给予一致肯定，称我校完美展现了"以自主的管理、教学方式让学生成为自信、快乐的学习者"的教育初心。

南溪学校全体教职工必将在学校领导的引领下，倾力打造师生喜欢、家长放心、人民满意的教育。

图4-15为两位专家深入课堂。

图4-15

图4-16为课下专家与学生、老师进行交流；学校领导与专家、校长进行座谈交流。

图4-16

南溪学校高质量发展工作阶段性汇总

党的十九届五中全会描绘了从"十四五"到"2035"的宏伟蓝图。其中，关于教育未来发展的目标是"建设高质量教育体系"和"建成教育强国"。这意味着，我国教育全面开启高质量发展、迈向教育强国的新阶段。2021年是教育高质量发展的开局之年、起步之年，各级各类学校都要做好谋划，迈好学校高质量发展的关键步伐。

为加快推进学校优质建设，推动学校高质量改革发展，在党支部的组织和领导下，我校特制定了教学高质量发展规划，各项工作紧锣密鼓地开展。

为了更好地提高教学质量的管理能力，促进学校教育更好的发展，2021年3月19日下午，学校召开2020年秋季学期教学质量分析会（见图4-17），姜树斌副校长详细地分析了我校2020年秋期各学科检测情况。运用翔实的数据进行横向、纵向比较，找出薄弱环节，并进一步总结了提升教学质量的方法。

图4-17

姜树斌结合素质教育评估的标准，强调教师要规范教学行为，坚持做好教学"六认真"。聚焦课堂，以课堂为中心，努力探索五育融合下的自主课堂。学校要推进五育融合工作，激励全校教师努力提升教学质量。

姜树斌鼓励全校教师积极投身五育融合下的自主课堂教学改革，提升教学技能，提高教学效益，实现高效课堂。各教研组、各班主任要共建共享教学资源，互帮互学，共同提高教学质量，以典型课例承载，构建新的教学模式。

最后，党支部书记、校长强调，教师们一定要从数据中积极反思，认真查找差距，发现问题，拟出对策，落实有效措施，积极开展教育教学研究，进一步提升学校整体教育教学质量。领导们言辞恳切地对全体教师寄予了厚望，希望南溪学校的老师们砥砺前行守初心，团结一致共奋进！

班主任教学工作培训会如图4-18所示。

图4-18

2021年4月1日，我校召开班主任教学工作培训会。首先明确了班主任的职责：班主任是班集体教育教学工作的组织者和领导者，是在教育活动中行使管理和育人职责的人。组织、协调任课教师形成教育合力是班主任的重要工作，班主任应该成为本班任课教师集体的组织者、协调者和带头人。所以，班主任要组织好本班的各科任教师，认真仔细分析本班存在的教育教学问题，与科任教师共同探讨解决问题的方法，并及时实施、监督和反馈。

我们的目标是，争取让整个班、整个年级甚至全校的教育教学质量得到提升。目前存在的问题是班主任和科任教师的沟通问题，所以，一定要定期、及时地沟通，对出现的问题及时追踪和处理。班主任可以去听各科任教师的课，真正了解各科教师面临的班级现状。

由此，以班级为单位的自主课堂，由班主任牵头，各科任教师共同搭建、共同推进，在全校各班级全面铺开。

教研组长教学工作培训会如图4-19所示。

图4-19

2021年4月1日同时召开的还有教研组长教学工作培训会（见图4-20），会议围绕"如何有效开展校本教研"展开，分别对教研活动制度、教研组长例会制度、教研组长岗位职责、听课评课制度进行了详细的研究和探讨。

对于怎样提高教研组活动的有效性，得出以下几个结论：一是教研组长要提升自己的工作能力；二是要精心筛选教研内容，满足教师实际需求；三是采用基于"对话"的教研方式；四是要全员参与教研活动全过程；五是逐步完善评价体系。

姜树斌在会议上强调：教研组长工作的有效性决定了整个学校教育教学的质量，教研组长肩负着向更多教师传播优秀教育教学理念的任务，并让这些先进的教育教学理念"开鲜花、结硕果"。开展教研活动时，要杜绝组员"只带耳朵"的现象，要有记录、有反思；要提高教师的参与度，充分发挥教师的主观能动性；安排任务后一定要有督促和检验的过程，让具体的改进措施能得到落地，并不断完善。

图4-20

　　我校以提质培优高质量发展为契机，大力推行教育教学改革，注重内涵发展，进一步提升学校整体教育教学质量（见图4-21）。

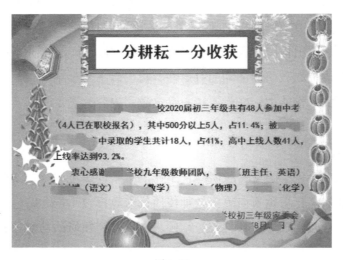

图4-21

南溪学校家委会称赞，如图4-22所示。

图4-22

2020年8月27日家长群，如图4-23所示。

图4-23

在中学校长分享会上对自主课堂进行分享、推广,如图4-24所示。

图4-24

2023年10月在国培计划中小学校长培训班上分享、推广自主课堂教学,如图4-25所示。

图4-25

第五节　"人人皆是圣人"的社团

在一个班级、在一所学校总有不积极、不主动的学生，我们学校也不例外。在王阳明的"满街都是圣人"的思想指引下，结合父亲对我在武术上的培养，我想这部分学生在学习方面不主动、不积极的根本原因是缺"练"。我希望帮他们找到兴趣并加以训练，及时鼓励、表扬，让学生从兴趣中"练"出自信，然后转变成学习的动力。我决定在学校开展兴趣小组、社团活动。结合学校实际制订实施方案。

一、目的

（1）培养学生的兴趣爱好：兴趣小组和社团为学生提供了发掘和培养自身兴趣的平台。在这里，学生可以根据自己的喜好选择参与不同的活动，有助于培养学生的个性和特长。

（2）拓展学生的知识领域：通过参与兴趣小组和社团，学生可以接触到课堂以外的知识，如艺术、科技、手工等。这些多元的知识将有助于开阔学生的视野，培养其综合素质。

（3）提升学生的社交能力：在兴趣小组和社团中，学生需要与不同背景、不同性格的同学交流合作。这种互动能够锻炼学生的沟通能力和团队协作精神，为其未来的社交活动打下基础。

（4）培养学生的责任感和使命感：通过参与兴趣小组和社团的活动，学生能够体会到集体荣誉感，认识到自己在团队中的重要性。这将有助于培养学生的责任感和使命感，使其更加关注集体利益。

二、意义

（1）有助于学生的全面发展：兴趣小组和社团提供的多样化活动，能够满足学生不同的成长需求。在这里，学生不仅可以学到书本外的知识，还可以培养自己的兴趣爱好和特长，促进自身全面发展。

（2）有助于提升学校的教育质量：通过开展兴趣小组和社团活动，学校能够营造一个更加丰富多彩的教育环境。这样的环境不仅能够激发学生的学习兴趣，提高其学习积极性，还有助于提升学校的教育质量。

（3）有助于丰富校园文化：兴趣小组和社团是校园文化的重要组成部分。通过开展各种活动，可以营造出积极向上、健康有益的校园文化氛围，促进学生形成正确的价值观和人生观。

（4）有助于增强学生的社会适应能力：兴趣小组和社团活动为学生提供了一个接触社会的机会。在这里，学生能够学习如何与人相处、如何解决问题，为其未来的社会生活做好准备。

（5）有助于培养学生的创新精神：在兴趣小组和社团中，学生能够充分发挥自己的想象力和创造力，尝试不同的方法和思路。这种氛围有利于培养学生的创新精神，为未来的科技创新和社会进步做出贡献。

三、兴趣小组、社团工作方案

（1）设立目标：首先明确兴趣小组和社团的设立目标，如培养学生的综合素质、提高学生的社交能力、促进学生的兴趣发展等。

（2）组织管理：设立专门的兴趣小组和社团管理机构，负责活动的策划、组织、实施和评估。同时，建立健全的规章制度，规范管理，确保活动的有序开展。

（3）活动安排：根据学生的兴趣和需求，制订丰富多彩的活动计划。活动内容应涵盖文化、艺术、科技、体育等多个领域，以满足不同学生的需求。

（4）师资力量：聘请有专业知识和丰富经验的教师担任指导教师，为学生提供专业的指导和支持。同时，加强对指导教师的培训和管理，提高其专业水平和工作能力。

（5）资源保障：为兴趣小组和社团提供充足的场地、设施和器材等资源保障。同时，积极争取社会资源，为学生提供更多的实践机会和资源支持。

（6）评估与反馈：建立科学的评估机制，对兴趣小组和社团的活动进行定期评估。通过反馈和总结，及时发现问题并改进工作，提高活动质量和效果。

四、工作细则

（1）组织架构：明确兴趣小组和社团的管理机构和工作职责，建立健全的管理制度和工作流程。

（2）活动策划：制订详细的活动计划，包括活动主题、时间、地点、参与人员、活动流程等。同时，提前做好活动宣传和准备工作。

（3）师资培训：由学校教师结合自身爱好、特长自愿向学校提交兴趣小组、社团教学方案。

（4）学生管理：学校统一通知学生及家长，统一时间，结合学生实际兴趣爱好选择相应兴趣小组及社团。每个兴趣小组限额50人，招满即可。同时，没有招满20人的兴趣小组取消，已报名的学生由学校根据学生意愿做相应的调整。

（5）资源管理：制定场地、设施和器材的使用和管理规定，确保资源的合理配置和有效利用。同时，积极争取社会资源，为学生提供更多的实践机会和资源支持。

（6）评估与反馈：建立科学的评估机制，对兴趣小组和社团的活动进行定期评估。通过反馈和总结，及时发现问题并改进工作，提高活动质量和效果。同时，将评估结果作为改进工作和制订下一步计划的依据。

（7）安全保障：制定完善的安全管理制度和应急预案，确保活动的安全顺利进行。同时，加强对学生的安全教育和对学生自我保护意识的培养。

（8）奖励管理：各兴趣小组、社团必须按照上报学校的教学活动方案进行活动，收集、整理相关资料。按每年绩效加2000元进行奖励，按0.125计入工作量。

附：**兴趣小组招生简介**

抢！抢！抢！南溪学校兴趣小组活动开"抢"啦！

开展兴趣小组活动是适应新课程改革的一大举措，是培养学生能力的重要途径。

为了全面贯彻党的教育方针，充分体现我校的办学特色和办学理念，大力推进素质教育，以兴趣小组活动为契机，丰富校园课余文化生活，激发学生的学习兴趣，培养学生的动手操作能力，不断提高学生的综合素质，让南溪真正成为每个学生成长、进步的摇篮。

在学校领导的指导和老师们的大力支持下，南溪学校正式开启2021年春季学期学生兴趣小组活动。

以下分别是各兴趣小组的简介（见图4-26～图4-43）。

武术兴趣小组简介

学习背景：

　　南溪学校武术兴趣小组成立于2014年9月，由现任副校长姜树斌组建。自兴趣小组成立以来，他凭借着自己扎实的武术功底以及对武术的热爱，尽职尽责地教授和感染每一个孩子，同时营造了南溪学校强身健体的氛围。我校武术兴趣小组自成立之日起多次参加各类活动，取得了较好的成绩，同时展示了学校特色，得到了广大师生及家长的赞许。

学习内容：

　　本兴趣小组围绕武术基本功、基本动作、基本组合、五步拳、少年拳、24式简化太极拳等一系列内容展开，让学生在轻松愉快的氛围中，了解和学习中华民族文化遗产中的瑰丽珍宝——武术。

报名要求：1. 身体健康；2. 热爱武术；3. 吃苦耐劳。

活动地点：南溪学校武术室。

图4-26

美术兴趣小组

目标：美术兴趣小组以多种材料为基础进行美术作品创作。培养学生审美和创造美的能力，体会过程中的乐趣。

要求：不限年龄，但需要家长支持购买绘画材料。

（材料均根据教师要求自行购买）

图4-27

手工组

　　为丰富我校学生的课余生活，我们在本学期组建手工兴趣小组。手工制作是一种培养学生审美能力、观察能力、创造意识、设计思维、手脑协调能力，陶冶学生情操的活动。手工课可以让做事马虎的学生变得细心，还可以培养学生的专注力。

图4-28

校园足球队简介

　　南溪学校校园足球队于2016年成立，建队6年，南溪校园足球队共获得花溪区校园足球小学甲组第一名一次、小学乙组第二名两次、小学丙组第二名一次、初中男子组第四名一次的好成绩。为了我校校园足球的发展和同学们的健康成长，我校对2021年足球队员进行招生，在我校就读的二年级至五年级的同学都可以报名，欢迎家长们把你们的孩子送到南溪校园足球队来！

图4-29

第四章　事上练，致良知

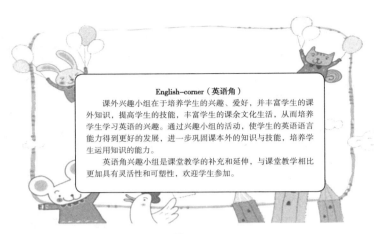

English-corner（英语角）

　　课外兴趣小组在于培养学生的兴趣、爱好，并丰富学生的课外知识，提高学生的技能，丰富学生的课余文化生活，从而培养学生学习英语的兴趣。通过兴趣小组的活动，使学生的英语语言能力得到更好的发展，进一步巩固课本外的知识与技能，培养学生运用知识的能力。

　　英语角兴趣小组是课堂教学的补充和延伸，与课堂教学相比更加具有灵活性和可塑性，欢迎学生参加。

图4-30

象棋兴趣小组的简介和要求

背景：棋，通过方寸天地的拼搏，胜败各半，胜者不骄，败者不馁。象棋文化是我国几千年历史留下的丰富的文化遗产，国民对象棋兴趣大，俗话说"棋道虽小，棋品最尊"。

主要培养：学生在下棋过程中要想赢棋，离不开对棋局变化的把握。对棋局变化的把握需要一定的观察力，要眼观六路才能应对八方，观察力是学生成才不可或缺的能力。

学生要求：三至八年级学生，喜爱象棋。

设备要求：参加的学生必须有一副象棋。

任教教师：莫××老师、杨××老师。

图4-31

吉他课外兴趣小组

　　为了丰富学生的课余生活，进一步推动校园文化建设，营造良好的音乐氛围，使学生在良好的音乐氛围中提高自己的音乐素质和音乐修养，特建立吉他课外兴趣小组。希望通过每周的训练，使学生初步了解、掌握吉他弹奏的基本技能，让学生通过活动，了解弹奏的基本歌曲类型，学习一些简单的吉他弹唱歌曲，培养对吉他的兴趣爱好，同时对吉他表演和演唱，以及训练方法进行初步了解，为今后的舞台表演奠定良好的基础。

活动要求：

1. 学生需自购一把吉他。

2. 学生不得旷课，认真完成老师布置的任务。

3. 学生积极和辅导教师配合，以便使课程更生动、活泼。

图4-32

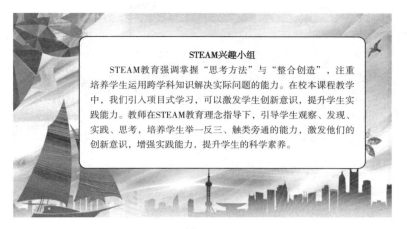

STEAM兴趣小组

　　STEAM教育强调掌握"思考方法"与"整合创造"，注重培养学生运用跨学科知识解决实际问题的能力。在校本课程教学中，我们引入项目式学习，可以激发学生创新意识，提升学生实践能力。教师在STEAM教育理念指导下，引导学生观察、发现、实践、思考，培养学生举一反三、触类旁通的能力，激发他们的创新意识，增强实践能力，提升学生的科学素养。

图4-33

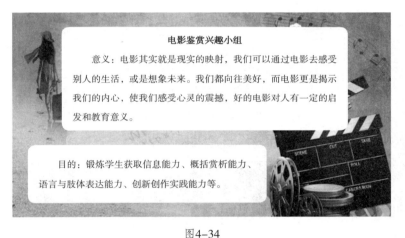

电影鉴赏兴趣小组

　　意义：电影其实就是现实的映射，我们可以通过电影去感受别人的生活，或是想象未来。我们都向往美好，而电影更是揭示我们的内心，使我们感受心灵的震撼，好的电影对人有一定的启发和教育意义。

　　目的：锻炼学生获取信息能力、概括赏析能力、语言与肢体表达能力、创新创作实践能力等。

图4-34

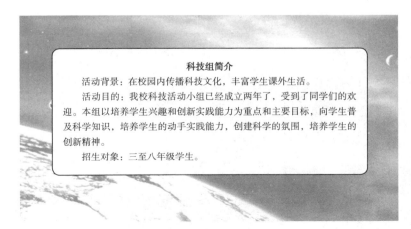

科技组简介

　　活动背景：在校园内传播科技文化，丰富学生课外生活。

　　活动目的：我校科技活动小组已经成立两年了，受到了同学们的欢迎。本组以培养学生兴趣和创新实践能力为重点和主要目标，向学生普及科学知识，培养学生的动手实践能力，创建科学的氛围，培养学生的创新精神。

　　招生对象：三至八年级学生。

图4-35

合唱团简介

　　我校合唱团以"让学生接受艺术熏陶、培养兴趣、发展个性、陶冶情操、弘扬民族文化"为宗旨，并通过歌声和各种形式，在与同学们的交流中，发挥合唱团这种特殊形式的"教书育人"的作用。它的成立有利于创建校园艺术氛围，进一步推进学校素质教育的发展。本届合唱团成员约50人，吸收四到八年级的同学。每位合唱团成员都能用积极的、饱满的情绪来参加合唱团。合唱团利用周五下午的课余时间进行训练。训练中每位合唱队员认真、刻苦、积极配合老师的排练工作。合唱团为了更好地发展，不断扩大，不断补充新鲜血液，使更多的热爱合唱的队员踊跃加入我们的队伍，同心协力、不断提高。相信通过我们的努力，一定能够打造出一支团结合作、积极向上的优秀团队！

　　招生对象：四至八年级学生。

图4-36

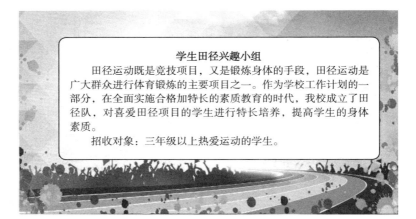

学生田径兴趣小组

　　田径运动既是竞技项目，又是锻炼身体的手段，田径运动是广大群众进行体育锻炼的主要项目之一。作为学校工作计划的一部分，在全面实施合格加特长的素质教育的时代，我校成立了田径队，对喜爱田径项目的学生进行特长培养，提高学生的身体素质。

　　招收对象：三年级以上热爱运动的学生。

图4-37

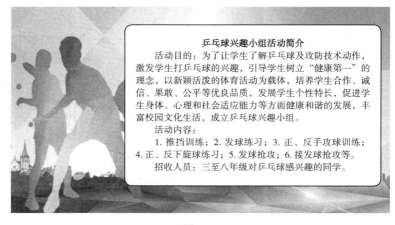

乒乓球兴趣小组活动简介

　　活动目的：为了让学生了解乒乓球及攻防技术动作，激发学生打乒乓球的兴趣，引导学生树立"健康第一"的理念，以新颖活泼的体育活动为载体，培养学生合作、诚信、果敢、公平等优良品质，发展学生个性特长，促进学生身体、心理和社会适应能力等方面健康和谐的发展，丰富校园文化生活，成立乒乓球兴趣小组。

　　活动内容：

　　1.推挡训练；2.发球练习；3.正、反手攻球训练；4.正、反下旋球练习；5.发球抢攻；6.接发球抢攻等。

　　招收人员：三至八年级对乒乓球感兴趣的同学。

图4-38

跳棋兴趣小组简介

跳棋兴趣小组是根据校本课程要求成立的特色兴趣活动小组。棋类活动，旨在开发学生的智力，启迪学生的智慧，更好地发展学生的个性与特长，培养学生的兴趣爱好。在活动中渗透思想教育，达到活动与班级管理的无痕对接。

图4-39

校园篮球兴趣班简介

篮球运动是一项高强度的对抗性运动项目，持续时间可长可短，但需要参与者快速奔跑、突然与连续起跳、敏捷反应与力量抗衡。经常进行篮球运动，能促进速度、力量、耐力、灵敏等身体素质全面发展，提高内脏器官和中枢神经系统的功能。

篮球运动与其他球类项目相比，技术繁多，战术形式多样，技巧性也很强，而且反映出个体作战与协同配合的特点。作为一项集体性很强的运动项目，篮球运动不仅要求运动员具有一定的技战术能力，以及在比赛中表现出的智慧、胆略、意志、活力与创造力，更为重要的是，运动员必须具备勇敢顽强的斗志和团结协作的精神。篮球运动可以促使参与者形成良好的个性和团队精神。

要求：三年级以上学生，自备篮球，着运动装上课。

图4-40

信息技术兴趣小组简介

一、组织目的

为了促进中小学生全面发展，培养学生信息技术学科综合素养；培养学生收集信息、传输信息、处理信息、运用信息的实践能力，提升学生对信息技术学科的重视程度；培养学生团队协作的沟通交流能力与独立思考的学习能力，激发学生对信息技术行业的兴趣，让更多的同学了解信息技术，熟练运用信息技术解决学习生活中的问题，开阔视野。

二、组织原则

1. 信息技术兴趣小组面向的是五至八年级所有同学。

2. 每次活动注意课堂纪律，准时参加，不得无故缺席，不能参加须提前请假，说明原因。

3. 在使用计算机过程中遵守机房操作规则，禁止从事与上机要求无关的活动，爱护计算机，有特殊要求的除外。

三、活动地点

南溪学校计算机教室。

图4-41

第四章 事上练，致良知

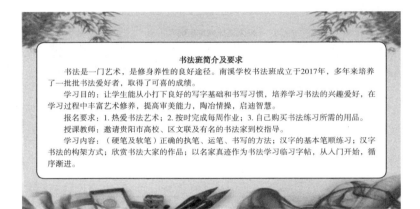

国兰文化传承与劳动实践兴趣小组

背景：中国人历来把兰花看作高洁典雅的象征，并与"梅、竹、菊"并列，合称"四君子"。人们通常以"兰章"喻诗文之美，以"兰交"喻友谊之真。也有借兰来表达纯洁的爱情，如"气如兰兮长不改，心若兰兮终不移""寻得幽兰报知己，一枝聊赠梦潇湘"。1985年5月，兰花被评为中国十大名花之一。

目标：传承国兰文化，学习栽培与鉴赏兰花，了解兰花的审美价值与经济价值。丰富学生的校园文化生活，启发学生学习国兰种植与赏析的兴趣，培养学生的审美能力、艺术修养及表现能力，培养学生的劳动实践能力和创新精神。教会学生兰花基本种类的辨认、基本种植方法与技巧，培养学生养兰赏兰的兴趣，陶冶情操。

图4-42

书法班简介及要求

书法是一门艺术，是修身养性的良好途径。南溪学校书法班成立于2017年，多年来培养了一批批书法爱好者，取得了可喜的成绩。

学习目的：让学生能从小打下良好的写字基础和书写习惯，培养学习书法的兴趣爱好，在学习过程中丰富艺术修养，提高审美能力，陶冶情操，启迪智慧。

报名要求：1. 热爱书法艺术；2. 按时完成每周作业；3. 自己购买书法练习所需的用品。

授课教师：邀请贵阳市高校、区文联及有名的书法家到校指导。

学习内容：（硬笔及软笔）正确的执笔、运笔、书写的方法；汉字的基本笔顺练习；汉字书法的构架方式；欣赏书法大家的作品；以名家真迹作为书法学习临习字帖，从入门开始，循序渐进。

图4-43

南溪的学子们，选好自己心仪的兴趣小组了吗？准备好了就行动起来吧！今晚8：30，能学也能玩的小组活动"抢"起来吧！

成果：学校足球社团曾荣获花溪区冠军、亚军。学校合唱团曾荣获花溪区第二名、第三名。

学校武术队多次到花溪区进行展演活动等。

第五章
良知护航

我深知农村大山中的孩子选择一个理想的学校就读实属不易，故每年升学季，我都忙得不亦乐乎。我根据学生升学（高中、中职）的具体情况，从良知出发，这样做。

第一节　南溪学校毕业学生升学工作方案

一、工作方案

（1）指导思想：以"致良知"为出发点，关注学生的发展和未来，为九年级毕业学生提供全面、准确的升学信息，帮助他们做出适合自己的升学选择。

（2）目标：帮助九年级毕业学生了解高中和中职学校的教育特点、专业设置和就业前景，引导他们根据自身兴趣和能力选择适合的学校。

（3）组织实施：成立专门的工作小组，负责组织、协调和实施相关工作。

二、工作细则

（一）针对升入高中的学生

（1）信息收集与整理：收集高中学校的相关信息，包括学校简介、招生要求、课程设置、师资情况等，整理成宣传资料。

（2）宣传与咨询：通过举办高中学校宣讲会、设置咨询摊位、发放宣传资料等形式，向九年级毕业学生及家长宣传高中学校的优势和特色。

（3）个性辅导与建议：根据学生的兴趣、特长和学习成绩，为他们提供个性化的升学建议，帮助他们选择适合的高中学校。

（4）升学指导：组织学生及家长参加高中学校的开放日、招生说明会等活动，让他们深入了解高中学校的教育教学情况。

（5）跟进与反馈：关注学生的升学情况，及时了解他们在高中学校的学习和生活状况，为他们提供必要的支持和帮助。

（二）针对就读中职学校的学生

（1）信息收集与整理：收集中职学校的相关信息，包括学校简介、专业设置、招生要求、就业情况等，整理成宣传资料。

（2）宣传与咨询：通过举办中职学校宣讲会、设置咨询摊位、发放宣传资料等形式，向九年级毕业学生及家长宣传中职学校的优势和特色。

（3）个性辅导与建议：根据学生的兴趣、特长和职业规划，为他们提供个性化的升学建议，帮助他们选择适合的中职学校和专业。

（4）参观与体验：组织学生及家长参观中职学校，让他们了解学校的教学设施、实训环境和学生生活。

（5）跟进与反馈：关注学生的升学情况，及时了解他们在中职学校的学习和生活状况，为他们提供必要的支持和帮助。

我们希望通过以上工作方案及工作细则的实施，为九年级毕业学生提供更好的升学指导，帮助他们选择适合自己的高中或中职学校，为他们的未来发展打下坚实的基础。

第二节 别样精彩——南溪学校九年级升学（职校篇）

又到一年毕业季，初三的学子即将参加中考，离开中学校园，走上新的人生道路。中考是一个分水岭，有的同学会选择上高中，有的同学会选择进入职业学校学习。作为另一类型的教育，中职教育是普及高中阶段教育和建设中国特色职业教育体系的重要基础。

2020年6月8日、9日，南溪学校启动了九年级学生职校升学工作，搭建升学平台，由我、思教处主任、团委书记带队，部分九年级学生及家长代表参观了贵阳市部分职校，感受职业教育魅力和职教学生风采。

学生们来到××职业技术学校参观，如图5-1所示。

图5-1

学生们参观××旅游学校酒店管理专业实训室，如图5-2所示。

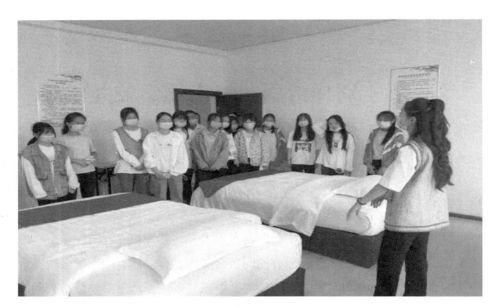

图5-2

学生参观××旅游学校图书室，如图5-3所示。

图5-3

学生参观××职业学校，校长介绍学校办学理念，如图5-4所示。

图5-4

学生参观××交通职业学校，如图5-5所示。

图5-5

20××年带学生到××中学报名，如图5-6所示。

图5-6

20××年带学生及家长到××学校报名，如图5-7所示。

图5-7

20××年、20××年带学生及家长到××中学报名，如图5-8所示。

图5-8

第三节　把握"四个精准"助你前行

　　中考志愿填报是人生重要节点之一，它无疑对学生的未来职业发展、教育资源、社会地位、家庭关系等方面具有重大影响。

　　为做好学生中考志愿填报的指导作用，我校于2023年7月12日上午召开初三志愿填报指导培训会，如图5-9所示。

图5-9

指导会上，我就2023年中考成绩进行了精准分析，从以下四个方面做出精准指导。

（1）精准解读是填报志愿的重要环节。通过仔细阅读中考招生的相关文件，精准解读2023年招生政策，为学生志愿填报提供理论基础。

（2）精准定位，了解自己的排名情况。在填报志愿前，学生需明确自己在全市、全区及全校配额的排名情况，来确定自己可以填报的学校范围。

（3）精准填报，依据政策的精准解读，结合自己的精准定位，确保自己精准填报。

（4）精准入位，若做到以上三个"精准"，学生便能够轻松做到精准入位，选择适合自己的学校。

愿我校初三学子能更好地应对挑战，实现自己的目标，走向更加美好的未来。

第六章

良知之"引"

第一节　良知之影

我个人认为要办美的教育，办人民满意的教育，就得先办良知教育。因为良知教育是从我们每一位教师良心出发的"知行合一"的教育。这样的教育才是可持续的教育。所以我就通过和同事闲聊、讲座，以及我的语文课堂等多形式、多渠道，给同事、学生种下一颗良知的种子。

一、教师培训及活动

教师的素质和能力是决定教育质量的关键因素。在当前的教育改革背景下，教师培训成为提高教师素质的重要途径，我们组织教师学习了王阳明素质教育先行者的相关思想及理论。

（一）教师培训与教师专业发展

教师的专业发展是教育改革的核心。通过对中小学老师进行培训，可以帮助他们更新教育观念，提高教学技能，提升课堂管理能力。同时，培训还能帮助教师深入理解教育政策，提高教育教学质量。

（二）教师培训与学生全面发展

教师的职责不仅在于传授知识，还在于培养学生的综合素质。通过培训，教师可以更好地理解学生的需求，掌握有效的教学方法，引导学生全面发展。此外，教师的人格魅力和道德情操对学生的成长具有重要影响，这也是培训的重要内容。

（三）教师培训与教育公平

教育公平是社会公平的重要基础。通过对中小学老师进行培训，可以提高教师的专业素养，使他们在教学中更好地关注学生的差异性，促进教育公平。此外，培训还可以增强教师的社会责任感，使他们更加关注教育公平问题。

通过培训，可以提高教师的专业素养，促进学生的全面发展，推动教育公平。因此，我们应该重视教师培训工作，加大投入力度，完善培训体系，增强培训效果。同时，教师自身也应该树立终身学习的理念，不断更新知识结构，提高教育教学能力。只有这样，我们才能培养出更多具有创新精神和实践能力的人才，为国家的繁荣和发展做出贡献。

附：

"做有良知的南溪人"
——南溪学校近五年新入职教师专题培训活动

金秋九月，轻风起，朵云升。2023年9月10日是我国第39个教师节，也是党的二十大胜利召开后的第一个教师节。为深入学习贯彻习近平新时代中国特色社会主义思想和党的二十大精神，落实立德树人根本任务，进一步提升教师的职业素养和专业能力，在教师节即将来临之际，我校的一场别开生面的教师专题培训活动拉开了序幕。2023年9月8日下午，教科专干肖薇老师组织近五年新入职的37名教师做了一场主题为"做有良知的南溪人"的讲座，如图6-1所示。

图6-1

教师，被誉为人类灵魂的工程师，肩负着为社会培养合格人才的重任。教师不仅是知识的传播者，还是价值的引领者，教师的一言一行直接或间接地影响着学生的成长。因此，作为教师，我们首先需要认同和深化自己的职业身份，培养敬业精神，提高教育水平。在培训会上，姜校长用言简意赅的语言向大家解释"良"与"知"的教育理念。

良知教育是以唤醒师德、涵养师德为目标，以"学为人师、行为世范"为根本宗旨，以"四有"好老师为标准，对教师进行职业理想、职业操守和职业道德教育。

在良知教育中，教师不仅要关注学生的知识学习，还要关注学生的情感和道德发展。教师应该以身作则，成为学生的良师益友，引导学生树立正确的价值观和道德观念，如图6-2所示。

图6-2

最后，良知教育最重要的要求就是"知行合一"。做有良心的教育，听起来似乎调子很低。其实，现实中有多少人能真正做到这一点呢？我们可以扪心自问，我们所做的一切是不是真正有利于学生快乐成长呢？我们要时刻提醒自己要去掉烦躁，追求本真。

培训活动结束后，老师们纷纷表示通过此次培训活动进一步提升了自己的教育理念、教学技能和人格素养。在此，让我们共同为教师的专业成长、为南溪教育事业的发展而努力！让我们以教师节的到来为契机，重新认识和定义我们的职业，进一步明确我们的责任和担当。图6-3为对全体教师进行"讲台良知"培训。

图6-3

南溪学校党支部迎春慰问家访活动

寒冷的天气阻挡不了人心的温暖，在2021学年第一学期结束之际，为加强学校与学生家庭的沟通，让贫困学生感受到学校大家庭的温暖、感受到教师们的关心，我校党支部组织全体教师进行捐款，对贫困学生家庭开展了迎春慰问家访活动，为学校的贫困学生送去了学校党支部的关怀。

本次活动由各校级领导、班主任、科任教师代表学校给贫困学生家庭送去慰问，教师自备纸笔，为学生家里题写春联，营造浓浓年味。同行的教师们与学生及家长亲切交谈、询问学生们假期学习和生活情况，看到学生们在艰苦的环境中依然自立自强，教师们由衷感到高兴。离别之际，教师们鼓励学生保持乐观的生活态度、塑造迎难而上的坚韧品质，把暂时的困难当作学习的动力，勇敢追梦，坚信通过自己的努力一定能走出困境，以优异的成绩回报社会。

从受访学生及家长的目光里，我们看到了南溪学校教师们的义举给他们带来的感动。我们相信，受助学生将会带着这份感动，更加努力地学习，考上理想的学校，成为南溪学子的榜样、成为南溪学校的骄傲。本次慰问活动不仅给贫困生带去了物质上的帮助，还给予了他们精神上的慰藉，同时也送去了全校教师对贫困学生家庭的深切关心和殷殷期望，使孩子们感受到学校大家庭的温暖，如图6-4所示。

图6-4

二、良知风景

在一个阳光明媚的周末，我偶然看到了学校的一位年轻教师在办公室无偿给学生"开小灶"。这一幕让我感触良多，也让我对"良知"这个词有了更深的理解。

良知，是一种内在的道德意识和责任感。它是我们作为教育工作者最基本的职业素养，也是我们教育事业的基石。当我看到这位教师在周末牺牲自己的休息时间为学生们额外付出时，我感受到了良知的力量。

这位教师的行为体现了他对学生的关心和对教育事业的热爱（见图6-5）。他不仅是在传授知识，还是在传递一种关爱和责任。他用自己的行动诠释了什么叫作教育的良知，让我深受感动。

图6-5

在当今社会，我们常常会被各种利益和诱惑所困扰，但是这位教师却能坚守自己的良知，全身心地投入教育工作中。他没有计较个人得失，而是把学生的成长和发展放在了首位。这种精神值得我们每一位教育工作者学习和借鉴。

那时那地，我深感责任重大。我们要以这位教师为榜样，倡导全校教师坚守良知，用心去教育每一个学生。我们要关注学生的全面发展，不仅要传授给他们知识技能，还要培养他们良好的品德和社会责任感。

同时，我们也要为教师提供更好的支持和保障，让他们能够全身心地投入教育教学中。我们要营造一个良好的教育环境，让教师感受到学校的关怀和尊重，让他们在工作中找到归属感和成就感。

良知是教育事业的灵魂，是我们每一位教育工作者必须坚守的底线。让我们携手共进，以良知为指引，为学生的未来和社会的发展贡献自己的力量。

三、良知的抉择

作为一名教师，我深知学生的学业对他们未来的发展至关重要。因此，当面临是否参加"西部之光"访问学者培训的选择时，内心的良知告诉我放弃这个机会，以便能够全身心地投入教育教学，站好三尺讲台，做一名合格的教师（见图6-6）。

这个决定并不是轻易做出的，因为参加培训，可以学习到最前沿的教育理念、教育思想……对我个人的职业发展有着重要的意义。然而，我更清楚地认识到，作为一名教育工作者，我的首要任务是关注学生的需求和成长。

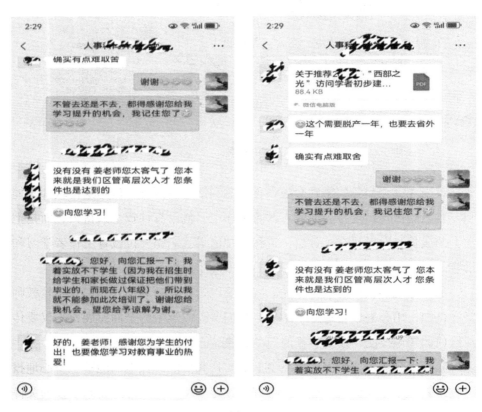

图6-6

在教学过程中，我将全力以赴地为学生提供帮助和支持。我会制订详细的教学计划，帮助学生系统地梳理知识点，解答他们的疑问，并鼓励他们保持积极的心态。我将与学生一起面对挑战，共同努力，为他们的中考之路提供有力的支持。

虽然放弃参加培训可能会对我个人的职业发展产生一定的影响，但我相信这是正确的选择。通过帮助学生充分准备中考，我能够为他们的未来发展打下坚实的基础，这是我作为一名教师最大的成就感。

在这个过程中，我也深深感受到了教师职业的责任和使命。我们不仅是知识的传授者，还是学生成长道路上的引导者和支持者。通过这次经历，我更加坚定了自己的教育信念，将继续努力提升自己的教育教学水平，为学生的未来发展贡献更多的力量。

从教以来我一直践行着"三尺讲台守初心，终身从教致良知"。我想，只有做到言传身教，才能教出具有美好心灵的学生。我将继续坚守三尺讲台，潜心教书育人。

第六章 良知之「引」

第二节　我心光明的考核

——南溪学校奖励性绩效工资考核工作实施细则

我作为学校的管理者、引领者，从王阳明悟道的"心即理、心外无物"的思想出发，不违背良知良能，给教师一个公平、公正合理的综合考评，不让老师寒心。为此我结合学校实际，这样开展考评工作。

根据上级绩效考核工作的安排意见，结合本校工作实际，特制定南溪学校奖励性绩效工资考核工作实施细则如下：

一、总则

本细则由学校考核领导小组组织相关人员对全体教师××××年度工作表现进行综合考核，考核结果作为教师本年度奖励性绩效工资发放的依据。

二、工作领导小组

组长：××。

副组长：××。

组员：××（教师代表）、××（教师代表）。

领导小组下设办公室，办公室设在校办，由办公室主任负责组织有关人员落实具体工作。

三、教师考核测评

（1）考核测评对象及范围。××学校全体在册教职工，具体考核时间按上级文件执行。

（2）教师考核测评的主要内容。主要考核出勤、工作量、职业操守、教学常规、育人成效、教学效果、教研成效等方面。

（3）考核因素分配。考核内容中职业操守、教学常规、育人成效、教学效果等因素，由考核领导小组、教研组长、群众进行综合测评，占60分；出勤、工作量及工作成效中的教研成效等因素，由学校考核领导小组按实际情况量化考核，占40分。

（4）具体细则。

① 综合测评。由考核领导小组、学校中层干部和教研组长、群众三个层次依据考核内容中的职业操守、教学常规、育人成效、教学效果等因素构成的测评表进行测评。在三个层次的综合测评中，考核领导小组评分占50%，学校中层干部和教研组长评分占30%，群众评分占20%。

② 出勤。满勤为10分，每月奖励30元（国家规定的婚假等不计入考勤）。有缺勤情况的按实际情况扣罚奖励性绩效工资：事假一天扣0.125分；病假一天扣0.0625分；无故旷工一天扣1.25分；上课迟到、早退3分钟以内的每次扣0.125分，超过3分钟的酌情处罚；无故旷会及不参加学校组织的活动，每次扣0.625分，所有扣分累计相加直至扣完10分为止。其他情况按上级文件执行。

③ 工作量。由我校现行教职工工作量测算办法得出。工作1为满工作量（工作量1以下，0.9以上属于年龄照顾、哺乳期教师及高龄孕妇），超过1的按超工作量计算。超1个工作量按每月1000元计算，然后再折算成考核分数。不满工作量的按比例扣除。顶课等相关费用从奖励性绩效工资中支出，按20元/节执行（2022年2月28日召开全体教师会议商定）。

④ 教研成效。按实际成效积分，所有积分最多不超过5分。有名次无等次时，第一名为一等奖，第二、第三名为二等奖，第四、第五、第六名为三等奖，其余不算。

上公开课或指导青年教师上公开课及获奖：省级及以上一等奖3分，二等奖2.5分，三等奖2分；市级一等奖2.5分，二等奖2分，三等奖1.5分；区级一等奖2分，二等奖1.5分，三等奖1分；校级一等奖1分，二等奖0.8分，三等奖0.5分。获各级表彰按级别的一等奖计算。

参加课题研究或撰写论文、教学案例、设计获奖或发表等：省级及以

第六章　良知之「引」

上一等奖2分，二等奖1.5分，三等奖1分；市级一等奖1.5分，二等奖1.2分，三等奖0.9分；区级一等奖1分，二等奖0.8分，三等奖0.5分；校级一等奖0.5分，二等奖0.4分，三等奖0.3分。课题研究、论文发表按同级别的二等奖计算。同篇论文或教学案例取最高奖项一次。

⑤ 对一线教师、骨干教师、重点岗位和有突出成绩的人员，由考核领导小组制定相应细则进行奖励性加分（最多累计嘉奖5分）。

⑥ 因工作失误，或在上级工作检查中影响学校工作考核导致被扣分，受到上级或学校处分的，按上级意见或学校行政会决议执行。

四、奖励性绩效工资的分配

校级领导不参加学校绩效工资分配，由教育局考核发放。

班主任津贴由两部分组成，一是教育局核拨的金额如实发放；二是从总的绩效工资中按每班每月400元的工作量补贴作为奖励，由思教处根据《花溪区南溪学校班主任工作评价体系》《南溪学校班主任管理量化细则》及教务处根据教务处对班主任的考核办法进行考核发放。

学校一般管理人员岗位津贴，由学校考核领导小组和群众综合测评，分值各占50%，以两项所得测评分之和为依据发放。管理人员按照中层干部、教研组长、其他管理人员的组成，每组津贴总额除以每组总分得到管理员每一分值应得实际津贴，然后再计算总数。津贴标准：中层干部（包括财务人员）参照班主任津贴的平均数发放，教科专干部300元/月，教务员、办公室人员150元/月，教研组长100元/月，卫生工作人员70元/月，实验仪器管理（理、化、生、科）、体育器材管理人员50元/月，学校复印室管理人员800元/年，学校微信公众号管理员100元/月。

借出、上挂、支教、调出、新增人员的奖励性绩效工资按照教育局的文件执行。（借调人员以实际在校时间考核，不足一个月的以一个月计算，其余月份按每月下拨数核发，除文件规定外。）

学校奖励性绩效工资总额由教育局考核核拨，预留学校一般管理人员岗位津贴后，其余部分作为教师年度奖励性绩效工资。

教师个人所得绩效工资为分值乘以教职工工作绩效考核得分即为教职工个人应得的绩效工资。

计算公式为：

全校奖励性绩效补贴总额×教职工个人绩效考核得分＝教职工个人奖励性绩效工资

五、细则执行

本细则经全体教师大会2/3以上教师通过后执行。

备注：若上级部门对××××年奖励性绩效工资分配工作有新的要求，将按照上级文件执行。

××学校

第六章　良知之「引」

第七章

舌尖上的良知

民以食为天，尤其中小学生正是长身体之时，需要合理且丰富的营养。我也为人父，也希望我的孩子在学校能吃到最好、最营养的饭菜。我管理食堂，就从我内心的良知出发，把学生都当作自己的孩子，每天的饭菜都按照自己孩子的标准来做。

我校是九年一贯制学校，属于自办自管，坚持不营利的管理原则。学校食堂的管理尤为重要，因此我们始终以食品安全、卫生和味道可口为宗旨，让家长放心，学生舒心，教师满意，让上级主管部门放心。我们将学生视作自己的孩子，对待每一个学生都如同对待自己的孩子一般。我们坚持每餐每人5元的原则，早餐提供肉末粉面，中餐提供四菜一汤，且一周之内绝不重复，其中必须有两个菜品含有肉类，晚餐按中餐标准执行。

首先，我们严格把关食材的进口。我们邀请食材配送公司、蔬菜配送公司和粮油配送公司的主要负责人到学校，明确要求：

（1）食材必须保证安全和新鲜；

（2）价格必须与市场相符；

（3）从配送公司到学生餐桌绝无中间环节。

对于任何违反以上规定的公司，学校将立即取消其供应合同。

其次，我们制定了学校食堂管理细则，每天工会和后勤人员验收食材，如发现问题立即与配送公司协同处理。我们还加大了食堂员工的培训力度，以增强员工的责任感。我每天不定时进行抽查，督促相关工作。

我们的主厨是原来学校附近一位颇有知名度的厨师张师傅。张师傅上岗后，结合科学营养的原则，制定了一个月的菜谱，每道菜都根据学生的实际情况进行烹饪，每道菜都需要炒三次。一至三年级的学生不用辣，四至六年级的学生用微辣，七至九年级的学生用中辣。

学生在校就餐需要家长申请、班主任同意和后勤部门批准方可就餐。学校食堂在大家的共同努力下得到了学生、家长和社会的一致认可。自2017年以来，就餐人数超过1000人次。每次上级主管部门到学校检查工作时，都与师生共进工作餐，并给予充分肯定。

第一节　南溪学校食堂管理细则

一、总则

为了保障我校食堂食品卫生安全，规范食堂管理，结合我校实际特制定本管理细则。

二、组织管理

学校食堂由总务处负责管理，由总务处派专人负责具体事务。食堂工作人员要凭证上岗，保持队伍的相对稳定。食堂工作人员要热爱本职工作，以身作则，搞好个人及环境卫生。

三、食品采购与存放管理

严格执行食品卫生法规，杜绝"三无"产品进校。食品采购要相对固定食品采购源，要有采购台账的备查记录，确保食品安全。食品存放要做到"四防"，即防尘、防蝇、防鼠、防潮，以防食物霉烂变质。

四、食品加工管理

食品加工要严格执行《中华人民共和国食品安全法》及其实施条例，保证食品安全。加工人员要按规定着装，做到"四勤"：勤理发、勤洗澡、勤换衣、勤剪指甲。加工人员要按规定进行健康检查，无健康合格证者不得从事此项工作。剩菜剩饭要按规定处理，严禁重复利用。

加工工具要按规定消毒，防止交叉污染。严格按照规定使用液化气等燃料，防止火灾、爆炸事故的发生。要根据就餐人数制作饭菜，避免饭菜过剩。

五、监督检查与责任追究

学生和教职工对食堂工作有意见和建议，可向总务处反映。总务处定期对食堂进行卫生检查和评比，对不符合要求的食堂工作人员进行批评教育或处罚。对违反本管理细则规定的，要根据实际情况进行相应处理。

本管理细则自发布之日起执行，由总务处负责解释。

附：其余相关制度。

卫生管理组织职责

为加强我单位食品安全管理，提高我单位食品卫生管理水平，有效预防食物中毒事件发生，保障广大人民群众身体健康，结合我单位实际，成立我单位卫生管理组织。

组长：对本单位食品卫生安全负总责，负责制定本单位食品安全卫生管理制度和食品安全培训计划等，每天对食品原料的采购、从业人员个人卫生、食品加工过程卫生等进行检查。

食品卫生管理员：负责每天的具体检查工作并做好相关记录，负责餐饮工具消毒或集中消毒餐具的管理。

卫生消毒制度

一、各加工间指定专人负责工具、用具、餐具等清洗消毒的工作。

二、食品用具使用前必须消毒，并保证消毒时间，提倡热力消毒或使用专用消毒柜。

三、清洗消毒过程为"一冲、二洗、三消毒、四保洁"。

四、设置污物桶，并及时清理积存物物，保持消毒间环境整洁。

五、设置餐具保洁柜。

六、保持下水道畅通，地沟内无积水、无污物。

七、防鼠设施齐全。

从业人员学习培训制度

根据《中华人民共和国食品安全法》和《中华人民共和国食品安全法实施条例》的规定，制定食品从业人员学习培训制度。

一、加强食品从业人员食品安全法律、法规、规章、标准和其他食品安全学习和培训，并建立培训档案。

二、食品从业人员积极参加食品安全监督部门的培训，提高食品安全防范水平。

三、从业人员开展食品安全法律学习，掌握食品安全的法律规定。

四、加强食品标准、食品科学、疾病预防知识学习，提高从业水平。

五、购买相应的学习资料，丰富学习内容。

六、食品安全知识集中学习每年不少于两次，并有学习记录。

进货查验记录制度

根据《中华人民共和国食品安全法》有关法律规定，制定如下制度。

一、向有合法资格的食品生产经营者采购食品，并查验其食品生产许可证及食品流通许可证和营业执照。

二、在采购预包装食品时，认真查验食品质量合格证明和食品名称、规格、净含量、日期、成分或者配料表，生产者的名称、地址、联系方式、保质期、产品标准代号、贮存条件；所使用的食品添加剂在国家标准中的通用名称、生产许可证编号、专供婴幼儿和其他特定人群的主辅食品，还应当查明主要营养成分及其含量。

三、采购时应当保存食品的名称、规格、数量、生产批号、保质期、供货者名称及联系方式、进货日期等内容。食品进货查验记录真实，保存期限至少两年。

四、不采购和销售下列食品：

（一）用非食品原料的食品或者添加食品添加剂以外的化学物质和其他可能危害人体健康物质的食品，或者用回收食品作为原料生产的食品；

（二）致病性微生物、农药残留、兽药残留、重金属、污染物质以及其他危害人体健康的物质含量超过食品安全标准限量的食品；

（三）营养成分不符合食品安全标准的专供婴幼儿和其他特定人群的主辅食品；

（四）腐败变质、油脂酸败、霉变生虫、污秽不洁、混有异物、掺假掺杂或者感官性状异常的食品；

（五）病死、毒死或者死因不明的禽、畜、兽、水产动物肉类及其制品；

（六）未经动物卫生监督机构检疫或者检疫不合格的肉类，或者未经检验或者检验不合格的肉类制品；

（七）被包装材料、容器、运输工具等污染的食品；

（八）超过保质期的食品；

（九）无标签的预包装食品；

（十）国家为防病等特殊需要明令禁止生产经营的食品；

（十一）其他不符合食品安全标准或者要求的食品。

食品原料索证管理制度

一、采购食品及其原料时必须索证，并严格执行食品的索证管理。

二、索证必须有专人负责管理，并建立索证索票验收台账。

三、从生产企业或批发市场采购食品时，应索取检验合格报告。

四、从固定供货商或供货基地采购食品时，应索取供货基地或供货商的资质证明，并签订采用供货合同。

五、零购食品，应到有市场监管局的集贸市场购买并索取购物凭证。

六、采购禽畜及其制品时，应到有市场监管局的集贸市场购买并索取检验合格证或购物凭证。

七、采购食品与购物凭证应相符，台账应如实记录进货日期、食品名称、数量、产品来源、是否索证、供货商及其联系方式等内容。

八、应将台账和与食品索证有关的资料按品种、进货时间的先后次序有序整理，安全保管做备查。

不合格食品退市制度

为加强食品安全，提高食品质量，保护广大消费者的合法权益，制定本制度。

一、在经营食品中发现不符合食品安全标准的，立即停止经营，并向当地市场监督管理局报告。

二、发现不符合食品安全标准的食品后，立即通知供货商和消费者，对已经销售的，立即召回。

三、经营者发现有不符合《中华人民共和国食品安全法》规定的食品时，停止销传、向市场监管局机关报告、通知供货商和消费者并召回。

四、销售因标签、标识或者说明书不符合食品安全标准而被召回的食品，经食品生产者采取补救措施且能保证食品安全的，应当向消费者明示补救措施。

食品安全承诺书

为保证消费环节食品安全，防止食品中毒，确保广大消费者的身体健康，树立良好的企业诚信形象，增强自律意识，我单位对食品安全做出如下承诺，并接受社会各界监督。

一、提高对食品安全重要意义的认识，充分认识企业是食品安全第一责任人；设备专职或兼职食品卫生管理员负责日常食品安全管理工作，时刻牢记食品安全责任重于泰山。

二、严格遵守《中华人民共和国食品安全法》《中华人民共和国食品安全法实施条例》等相关法律、法规、规章的规定，建立健全食品安全管理，并在显著位置张贴。

三、保证在取得《餐饮服务许可证》《流通许可证》并办理相关经营许可手续的前提下从事餐饮流通经营活动，不超范围经营。

四、保证从业人员持有有效的健康合格证和卫生知识培训合格证上岗。

五、严格按照国家有关规定采购食品、食品添加剂和食品相关产品，认真落实进货台账制度，采购查验和索证索票制度。

六、严格按照国家有关规定使用食品添加剂，绝不在食品中非法添加滥用食品添加剂。

七、落实餐饮具、工用具、容器清洗消毒制度，餐厨垃圾做到密闭无泄漏存放，并及时清运。

八、按照保证食品安全的要求储存、检查库存食品，不采购《中华人民共和国食品安全法》规定禁止生产经营的食品。食品库房内不存放有毒有害物品或不洁物。

九、改善餐饮单位生产经营流通场所的卫生条件和设施，努力提升食品卫生量化管理等级。

十、服从卫生监督管理，对不符合食品安全要求的问题在限期内整改到位，保证不重复发生存在的问题。

十一、在认真落实食品安全的同时，严格按照有关职能部门要求落实消防安全，水电安全等安全生产工作。

承诺单位（签字）_____

图7-1

第二节　舌尖上的学校——南溪食堂

我校很多家长为了避免孩子乱跑，纷纷选择让孩子在校就餐。但是，有些孩子毕竟是第一次在校就餐，家长难免有些担心：孩子们吃得怎么样？南溪学校食堂工作做得怎么样？我来为大家介绍。

一、学校、职工方面

学校食堂秉持着让孩子"吃得放心、吃得开心"的宗旨，按标准做饮食，拥有食品经营许可证、严格的管理和培训制度，所有从业人员均经过专业的健康检测，并取得了健康证明，从人员的角度保证了同学们的饮食健康。

二、食材方面

食品安全重于泰山！南溪学校对食材供应商的选择流程是：首先必须拥有从业资质，然后由伙委会对几家商家进行筛选，筛选过关后"试供货"。

"试供货"一个月后，再由伙委会、学生、教师等进行评价，合格后才能正式签订合同。

每次送货车到达，必须有伙委会成员、宿管人员、食堂员工在场，当场验收食材的品质、票据，一旦发现不合格的，立即补发。多次出现补发的，由学校党支部、伙委会等与食品公司领导约谈，责令整改，约谈后不改进的，直接更换供应商。

食材经过重重关卡到达食堂后，我们会将大米、食用油、鸡蛋、调料等物资放入库房堆放好，既方便使用，又能达到长期储存的效果（见图7-2、图7-3）。

每天所有的食品都要进行留样、记录，从根源上保障食材的安全性。

图7-2

图7-3

三、加工方面

开学之后，学校的午餐就餐人数超过1000人，给学校领导和食堂工人带来很大的压力。

家长们愿意让孩子来学校吃饭，既是对学校食堂的信任，也是一种考验，让孩子们"吃得放心、吃得开心"，是大家一直努力的方向。

早上6点半，员工必须到岗，准备住校生和部分教师的早餐。7点半，住校生开始用餐，这时，部分工人就要开始准备中午的洗菜、择菜工作了（见图7-4）。

图7-4

员工们"全副武装"地择菜、切菜，准备好四个炒菜和一个汤菜的原料、香料等（见图7-5）。

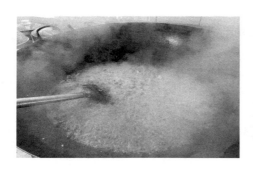

图7-5

准备完毕，立刻就对厨房进行打扫，将垃圾及时处理，避免产生新的污染，也为后面的工作提供了干净整洁的环境。

午餐的标准是：必须保证有两荤两素，第一锅低年级的口味要微辣和不辣，高年级的要有微辣和中辣，这样才能让同学们吃得香、吃得饱。看，这是今天准备的回锅肉，满满当当。

9点，午餐的第一锅正式启动，今天的菜单是红烧肉、豆角炒肉、小瓜炒肉、青椒豆米，搭配清爽的白菜豆腐汤，荤素搭配，营养健康。

食材的处理也非常讲究，不易熟的豆角用宽油慢慢加热，直至八分熟，以达到最佳口感。

从早上6点半开始，到11点完成第一锅午饭的准备，中间没有一点休息时间，员工们累得直不起腰，就为了能够准时准点、保质保量地为大家提供午餐。这种辛苦，不是简单几句话就能表达的，只有亲眼见证了才能懂得。

而11点并不是结束，还有第二锅的工作要继续，只有同样的认真、细致，才能达到同样的口味和效果（见图7-6、图7-7）。

图7-6

图7-7

四、用餐方面

准备好饭菜后，员工们还要对同学们的用餐环境进行消毒，从用餐环境上为孩子们提供安全保障（见图7-8）。

图7-8

消毒完毕，就可以将饭菜端到窗口，准备迎接孩子们的到来。

看，同学们排队吃饭的长龙出现啦！进门之前，都有教师监督同学们使用免洗凝胶洗手消毒（见图7-9），每个同学都能认真完成！大家不聚集、不吵闹，也没有乱跑、乱跳，整齐有序地到食堂用餐（见图7-10）。

图7-9

图7-10

同学们都开始就餐啦（见图7-11）！

图7-11

老师们也和同学们一起就餐（见图7-12）。

图7-12

吃完饭菜，同学们需要将自己的碗清理干净，统一分类放置。每天中午都是四菜一汤的配置，想喝汤的同学还可以在旁边排队打汤（见图7-13）。

图7-13

看了这么多张照片，家长们都知道自家孩子在学校的用餐情况了吧！无论在学校的环境、教师、职工方面，还是在食材的选取、加工、使用方面，南溪学校一直都坚持"以人为本"的准则，用真心换放心，以诚心换安心，让孩子吃得开心，吃得放心！

第三节　敞开南溪大门，架起家校心桥

——携手共进，建美丽和谐南溪，办人民满意教育

为落实立德树人根本任务，努力办好人民满意的教育，增进学校、教师、家长之间的沟通与了解，共建"以社会为平台、以学校为重点、以家长为基础"的三位一体的教育环境，在学校党支部的领导下，支部书记、校长亲自安排部署了我校的"校园开放日"活动，并于2020年10月27日（小学部）、2020年10月28日（中学部）顺利举行了"情系南溪，爱满校园"，学校德育、教学、安全、食堂、宿舍服务等工作开放活动。

27日、28日上午9时，家长们不顾深秋的凉寒陆续抵达学校，在校门口经过扫码、测温和登记后，有序进入校园。

刚进门左右两边就是我校的校务公开栏，里面张贴了我校党务、校务方面的公示资料，姜树斌副校长为大家做了详细的介绍。

接着进入食堂，映入眼帘的是干净整洁的餐厅、粗加工间、切配间、操作间，还有忙碌着的、着装规范整齐的食堂职工们。墙上挂着的监控屏幕清晰地展示了食堂内的工作景象，家长们都体会到了"明厨亮灶"的真正意义（见图7-14）。

图7-14

出了食堂，来到宽阔的运动场上，我带着大家环顾四周，依次介绍了我校宿舍、卫生厕所、后花园、教学楼、综合楼、教师办公室及学生的课外活动场地（见图7-15）。学校布局规范，生活区、运动区、教学区、休闲区、停车场分区明显，互不干扰。

图7-15

家长们参观了女生、男生宿舍，了解了宿舍整洁的洗漱间、洗澡间及温馨的寝室环境。我校一年四季都有热水供应学生洗漱这点，也让家长们感受到了学校对住校学生的关爱。

出了宿舍楼，来到学校休闲区，绿树成荫，雅致的亭廊相映成趣，孩子们平常在这里休闲读书，家长们也感叹了一句"环境真好"！休闲区的旁边就是我们的卫生厕所。

来到教学楼，我首先介绍了班级的楼层分布。根据学生身心特点，我们将一、二年级安排在一楼，三、四年级安排在二楼，五、六年级安排在三楼，既符合学生的活动特点，又能为学生的安全提供一些保障。

每个班级都有各自班级的个性班牌，上面有全班同学的集体照、班名、班级口号，门外墙上是同学们的才艺展示栏，还有班级管理工作的"优胜"班牌。虽是简单的布置，却能将几十个孩子变成一个集体，还能给孩子们展示的空间，更能体现班级的管理，一举多得（见图7-16）！

图7-16

　　家长们走过教室，通过敞开的大门亲眼见到了老师认真教学和孩子们认真学习的情景，时不时点点头、笑容满面地低声讨论几句。

　　走过小学部，进入初中教学楼，家长们走在精心设计和装扮过的走廊过道，观看禁毒知识的展示，聆听"禁毒示范校"称号的创建过程，也看到了历届师生的绘画、书法作品。家长们纷纷拿出手机，拍下了一幅幅生动形象的画面（见图7-17）。

图7-17

武术室，光滑的地板干净得能照出人影来，墙面上的镜子光影闪烁间，似乎留下了孩子们铿锵的喝声。

音乐室，黑色的钢琴优雅地立于房中，白色的椅子整齐排列，像极了合唱团成员们歌唱时的姿态——昂扬、挺拔、向上。

美术室，宽大的桌子是最大的特色，宽广的空间才能给孩子们宽广的想象。看着墙面上丰富多彩、熠熠生辉的作品，我们由衷地为他们感到骄傲。

微机室，明亮的灯光下，黑色显示器带来的严肃被耳机上的点点蓝光冲淡，少了份拘谨，多了份活力，这样的教学环境，谁能不爱呢？

生物实验室，最让人印象深刻的应该就是遍地的盆栽了吧！这些盆栽不仅能够装点教室、美化环境，也是同学们的实验材料之一呢。亲眼见证着它们的成长，不仅能学到知识，还能锻炼同学们的动手能力。

科学实验室，这是最有趣的教室了，这里不仅有生物学科的绿植，有物理化学学科的实验器材，还有地理学科的各种模型和其他学科的创意作品，学生们在这里探究讨论、动手操作。

物理实验室，大大的实验台上琳琅满目，整齐的排列代表着物理的严谨与缜密，从生活到科学，从来不是一步到位，而是需要同学们不断实验与改进。

图书室，书不在多，够用就行。小小的图书室是很多爱看书的孩子的乐园，在这里，他们通过一本本书籍不断充实自己，在知识的海洋里自由遨游（见图7-18）。

第七章 舌尖上的良知

图7-18

荣誉墙，灯光下，几十块荣誉奖牌不断闪着金光，像是在诉说着我们南溪学校师生的奋斗历程，也在展示着上级教育行政部门和社会对学校工作的认可，同时，沉甸甸的奖牌也在告诉家长：孩子交给我，请您放心（见图7-19）。

图7-19

参观过程中，正巧碰上我校举行篮球队、足球队和合唱团的颁奖仪式，他们在区级竞赛中获得了优异的成绩。在孩子们的掌声中，我校党支部书记、校长和副校长为学校代表队们颁奖，围观的家长们更是全程拍照、录像，记录下了这精彩的一刻（见图7-20）。

图7-20

　　参观结束后，家长们进入会议室举行座谈会，办公室主任主持会议，支部书记、校长、副校长、思教处主任、教务处主任出席并就相关学校工作与家长们交流。我说：我们要落实党的教育方针，办人民满意的教育，培养德、智、体、美、劳全面发展的社会主义合格建设者和可靠接班人。立德树人，践行"一切为了孩子，为了孩子的一切，为了一切的孩子"的办学理念，真正解决老百姓的子女教育问题。会上，副校长和思教处主任分别针对教学、食堂、宿舍管理和德育安全方面做了详细的汇报，得到了家长们的一致认可（见图7-21）。

图7-21

会后，家长们和师生一起到食堂就餐，在老师和同学们的感染下，家长们自觉排队，切实体验了孩子们每天的就餐环节。之后，我们随机采访了多位家长，他们均表示"味道不错""能吃饱""挺好的"……虽然，我们从家长们脸上的笑容中也能得到一些答案，但只有真的听到他们"满意"的答复，

我们才能放下心来，我们的活动才有实际意义，才能画上圆满的句号。

敞开南溪大门，架起家校心桥。

这次校园开放日的圆满成功，增强了家校交流，实现了学校和家庭教育的有效对接，为我校的良性发展、形成家校教育合力、提高教育质量提供了一条有效路径。

相信我们，为孩子托起明天的太阳，师生一心，父母助力，还有什么跨越不了的障碍？

相信孩子们，在奋力拼搏铸造辉煌的路上，大家励精图治，还有什么攀不上的高峰？

后 记

在我撰写这本教育专著《讲台良知》的过程中，我深感教育事业的重要性和教师的责任重大。教育是培养人才、塑造未来的工程，而教师则是这个工程中的工程师。我们在讲台上不仅要传授知识，更要传递良知。"三尺讲台守初心，终身从教致良知。"

这本书的撰写旨在探索中小学教育教学及管理之路。我希望通过分享自己的经验和观点，激发广大教育工作者对教育的一点思考。

在写作过程中，我尽力收集了丰富的案例和研究实践资料，以支持我的观点并提供实用的建议。然而，教育是一个复杂而多元的领域，每个人都有自己独特的经验和见解。因此，书中观点仅代表个人看法，希望读者能够以开放的心态进行阅读和思考，并根据自己的实际情况进行判断和应用。"沟壑纵横，此乃生活写照。褶皱万条，兼是经历体现。两鬓斑白，见证岁月思考。"

我要感谢所有支持和帮助我完成这本书的人。首先，我要感谢我的家人和老师，他们一直给予我鼓励和支持。其次，我要感谢我的同事和学生们，他们与我分享了教学的快乐和挑战，让我不断成长和进步。

最后，我希望这本书能够为广大教育工作者提供一些有益的思考和启示，让我们共同肩负起教育的使命，用良知和智慧点燃学生的心灵之火，为他们的未来铺设坚实的道路。"风云未起君且笑，直钩曾将文王钓。淡看人间浮沉事，闲来自茗把扇摇。"

2024年1月8日